월급쟁이 부자 되기 프로젝트

0원으로 부동산 투자하기

월급쟁이 부자 되기 프로젝트

0원으로 부동산 투자하기

내일로의 시작 지음

한국경제신문

월급쟁이 부자 되기 프로젝트

세상 물정 모르고 부모님의 울타리 안에 있을 때는 크게 걱정이 없었습니다. 어렸을 때 부유하지는 않았어도 배는 곯지 않았으니까요. 돈이 많지 않아도 불평등하다고 느껴보지 못했습니다. 부모님이 만들어준 울타리 안에 있으면서 밖이 얼마나 힘들고 냉혹한지 알지 못했습니다.

철없던 저는 학교를 마치고, 취업공부를 시작했습니다. 열심히 공부해서 직장을 가지면 고생 끝, 행복 시작인 줄 알았습니다. 직장이 생기면 당연히 자동차가 생기고, 집이 생기는 줄 알았습니다. 하지만 곧 현실을 깨달았습니다. 직장에서 받은 얼마 안 되는 돈으로 모든 것을 스스로 해야 한다고 생각하니 마음이 답답했습니다. 현실을 받아들이기에는 하고 싶은 것, 가지고 싶은 것이 많았습니다. 부족한 돈을 내가 가질 방법을 만들어야 했습니다.

경제공부를 시작했습니다. 돈을 많이 버는 방법을 알려주는 곳이 어디인지 알 수 없었습니다. 처음에는 부동산 중개사 말만 믿고 투자를 했고, 그러면서 나쁜 사람들도 만나봤습니다. 실패도 해보고 좌절도 해봤습니다. 그렇지만 부동산에 길이 있다고 믿고, 끝까지 나아갔습니다. 지금은 저의 길이 생긴 것 같아서 10년 전보다는 좌충우돌을 덜 하는 듯합니다. 제가 이 책에서 말하고자 하는 이야기는 어려운 게 아닙니다. 우리는 잘못된 사고방식 때문에 많은 기회를 빼앗기고 있습니다. 이 책을 통해 독자 여러분에게 현재 돈이 없어도 언제나 돈을 벌 수 있고, 가질 수 있다는 것을 알려드리고 싶었습니다.

대부분 돈이 없으면 부동산 매입을 꺼립니다. 하지만 돈은 신용을 나타내는 척도일 뿐입니다. 돈은 많지 않아도 신용이 좋은 사람은 많습니다. 생각의 방향을 조금만 전환하면 세상에는 돈이 깔려 있습니다. 생각의 방향성이 바뀌면 깔린 돈을 줍기만 하면 됩니다. 돈을 언제든 주워 가질 준비가 되면, "다른 사람이 투자해서 몇 억 원 벌었다. 몇 십억 원 벌었다"에 크게 흔들리지 않는 마인드가 저절로 장착됩니다. 돈을 줍다 보면 언젠가는 몇 억 원을 주울 수 있고, 몇 십억 원을 주울 수도 있습니다. 이 책을 보는 모든 분이 천천히 가더라도 나의 길을 뚜벅뚜벅 갈 수 있는 투자자가 되었으면 좋겠습니다.

이 책을 출판하기 위해 도와준 ㈜우정 ○○ 동료들과 포투연 동생들, 힘들고 지칠 때 혼자가 아님을 알게 해준 나의 가족들, 세상에 둘도 없는 나의 보물 주니와 리니, 일일이 열거하기 힘들지만 필자를 아껴주고 사랑해주는 모든 사람에게 감사하는 마음으로 이 책을 드립니다.

내일로의 시작

차 례

0원으로
아파트
투자하기

0원으로
상가
투자하기

0원으로
대형 아파트
구매하기

부록

월급쟁이 부자 되기 프로젝트

Part 1

돈이 없는 당신,
부동산 투자를
시작하라!

1
월급만으로는
살 수 없다

우리는 보통 고등학교나 대학교를 졸업하고 나서 취업전선에 뛰어듭니다. 요즘은 취업하기 위해 학교에서 배운 공부가 아닌, 취업을 위한 공부에 일 년에 몇 백 또는 몇 천씩 쏟아붓고 있습니다. 그렇게 해서 입사율이 바늘구멍과 같은 취업에 성공합니다. 그러면 그렇게 입사한 회사에서 열심히 일하면 고생했다고 월급을 많이 줄까요? 물론 월급을 많이 받는 분들도 있겠지요. 하지만 과연 대한민국에 연봉 1억 원이 넘는 사람이 얼마나 될까요? 국세청 홈페이지로 검색하면 우리나라 근로소득자의 2018년도 평균 연봉은 약 3천 650만 원 수준이며, 이 가운데 4% 정도만 1억 원이 넘는 억대 연봉자입니다. 신입사원이 억대 연봉을 받는 경우는 드물고, 전문직에 경력이 있어야 1억 원이라는 연봉을 받을 수 있습니다.

그러면 연봉 1억 원을 받는 사람들이 과연 생각대로 많은 부를 축적할 수 있을까요? 20년간 일을 해서 억대 연봉자가 되었지만, 아파트값의 급등으로 하층계급으로 추락했다는 신문 기사를 보았습니다. 그 억대 연봉자는 본인의 근로소득에 만족하며, 아파트값의 하락을 믿었을 가능성이 큽니다. 하지만 소비자 물가와 아파트 가격의 폭등으로 준비하지 못한 고액 연봉자도 상대적 박탈감을 많이 느끼고 있습니다.

소비자 물가는 매년 4.5% 이상 오르고 있으며, 개인이 체감하는 물가 상승은 매년 정부에서 발표하는 물가 인상분보다 더 크게 오르고 있습니다. 2020년 5월 말 기준으로, 문재인 정부 출범 3년 동안 서울 아파트 가격은 53%나 뛰었습니다. 임기 초 8억 4,000만 원 정도에서 13억 원 가까운 수준으로 뛰었습니다. 상황이 이러한데 개인 노동으로만 억대 연봉자가 된 사람들이 부를 축적할 수 있었을까요? 저는 아니라고 봅니다. 아파트를 매입하지 않았으면 전세나 월세로 살았을 것이고, 주거비용, 생활비, 교육비 등 들어가는 비용이 많습니다. 그런데 남는 비용을 저축해서 부를 창출했을 거라고요? 저축에 대한 함정은 잠시 후 설명하겠습니다.

억대 연봉자의 상황이 이러한데, 사회 초년생의 상황은 더 좋지 않습니다. 입사와 동시에 월 200만 원 이상을 주는 회사는 많지 않습니다. 저는 약 10년 전 첫 직장에 입사했는데, 당

시 100만 원이 조금 넘는 월급을 받았습니다. 처음에 일을 시작했을 때는 스스로 일해서 돈을 받으니 신이 났습니다. 그런데 28살의 나이에 월 100만 원은 굉장히 부족한 돈이었습니다. 사회 초년생이라 모은 돈도 없거니와 밖에 나가 살면 생활비가 많이 들어 결국 부모님 집에서 출퇴근해야 했습니다.

직장에서 부모님 집까지는 약 30분이 걸렸습니다. 지방이라서 대중교통으로는 불편해서 자가용을 타고 출퇴근을 했습니다. 기름값만 월 30만 원이 나갔습니다. 또 점심은 먹어야 하니 식비 10만 원, 휴대전화 사용료 10만 원, 보험비 10만 원 등 고정지출만 약 60만 원이 나갔습니다. 고정비를 빼면 40만 원이 남는데, 운동을 좋아해서 7만 원을 내고 헬스를 다녔습니다. 나머지 33만 원으로는 친구들을 만나고 용돈으로 사용했습니다. 과연 저축할 돈이 있었을까요? 돈을 한 푼도 모을 수 없는 구조에서 생활을 했습니다. 돈이 부족해서 이직을 생각해봤지만, 공부를 오랫동안 해 간신히 얻은 직장이었기에 그만둘 엄두가 나지 않았습니다.

10년이 지난 지금은 월급을 많이 받을까요? 10년 전보다 2.5배 상승했습니다. 250만 원 이상이 통장에 들어오네요. 그렇다면 이제는 저축할 돈이 있을까요? 혹시 혼자 산다면 저축할 돈이 있을지도 모릅니다. 하지만 저는 결혼을 해서 아이가 두 명인 집안의 가장이 되었습니다. 아마 월급으로만 생활했으면 이미 파산신고를 몇 번이나 했을지도 모릅니다. 제가 한 푼도 안 쓴다는 가정하에 4인 가구 기본 의식주 비용만 월 250만 원 이상 들어갑니다.

저희 가정은 고소득층도 아니라서 아이 사교육은 크게 시키지 않습니다. 하지만 첫째도 점점 커가니 교육비가 조금씩 더 들어갑니다. 남자아이가 다니는 사교육 필수 코스인 태권도 학원비만 월 13만 원입니다. 거기다 한글은 가르쳐야 하니 학습지 비용이 월 10만 원 들어갑니다. 아이가 5살이 되자 사교육비 23만 원이 추가로 더 들어가네요. 어린이집에서 유치원으로 바뀌니 유치원 비용도 좀 더 들어가는 것 같습니다. 시간이 지나 둘째도 사교육을 시작하면 비용이 좀 더 늘어나겠지요. 저의 월급은 한정되어 있는데, 월급만으로는 4인 가구가 살아가기 어렵다는 결론이 나옵니다. 그렇다면 결론을 알았으니 선택을 해야 합니다. 월급만으로는 분명한 한계가 있으니 벌이를 좀 더 늘려야겠지요.

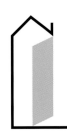

2
N잡 시대,
파이프라인 늘리기

직장인들은 매월 고정 월급이 나옵니다. 소비도 월급에 맞게 사용을 해야 합니다. 그나마 알맞게 소비하면 다행이지만, 조금이라도 예상 외의 소비를 하면 그달은 바로 마이너스입니다. 하지만 살아가면서 일어날 일에 딱 맞게 소비를 할 수 있을까요? 분명히 마이너스로 돌아서는 달도 있습니다. 어떤 달은 지인들 경조사, 가족이 아파 병원비, 어른들 용돈, 과속으로 인한 교통 벌금, 지진·홍수·태풍으로 인한 대물파손 등 갑작스럽게 생각지도 못한 지출이 발생합니다.

그렇다면 이런 갑작스러운 지출을 위해 우리는 평상시 저축을 할까요? 대부분 부자가 되고 싶은 욕망이 있기 때문에 저축을 합니다. 하지만 이런 예상 외의 지출은 우리가 부자가 되기 위한 방해 요소가 됩니다. 어떤 분은 이런 지출까지 생각해서 월급 대부분을 저축하는 분을 보았습니다. 생활 습관 하나까지도 돈이 새는 것을 미리 방지하는 분입니다. 저는 개인적으로 이런 분들과 가까워지는 것을 꺼립니다. 절약 정신, 물론 중요합니다. 그런데 우리는 친분을 쌓기 위해 식사를 같이 하는 경우가 많습니다. 가끔 내가 음식값을 계산할 때도 있고, 상대방이 음식값을 계산할 때도 있어야 관계가 유지가 됩니다. 하지만 같이 음식을 먹을 때 항상 내가 음식값을 계산하면 그 상대방을 만나게 될까요? 요즘은 더치페이 문화가 발달해서 음식값은 각자 내는 편이지만, 계속 친분을 유지하고 싶은 사람과는 더치페이를 잘 안 하게 됩니다. 저만 그런가요?

돈을 너무 아끼는 사람 주변에는 사람이 모이지 않습니다. 이런 분들은 자신의 돈은 아끼면서 상대방의 돈을 아껴주지 않습니다. 자신의 실속만 챙기는 사람과 마냥 친하게 지낼 수는 없지 않나요? 부자가 되기 위해서는 절약하는 게 맞습니다만, 상대방에게 부담을 주면서까지 절약 정신을 발휘해야 하는지는 의문이 듭니다. 너무 과한 것은 부족한 것보다 못한 것 같습니다.

물론 인간관계를 포기하지 못하고 절약을 안 하면 부자의 길에서 더 멀어집니다. 그래서 대부분은 무리하지 않는 선에서 적금을 넣습니다. 하지만 월급의 20% 정도를 저축하면 갑작스러운 지출에 흔들릴 때가 많습니다. 그래서 대부분의 사람은 자포자기를 합니다.

한 번쯤 이런 말을 들어 봤을 것입니다.

"돈이 모이면 어떻게 된 게 꼭 쓸 일이 생기더라. 그러니 그냥 가지고 싶은 거 사버리자."

3년간 열심히 들었던 적금으로 자동차, 핸드백, 사양 좋은 PC 등 예전부터 소망하던 것을 사버립니다. 순간적이지만 물질적인 풍요로움에 잠깐은 기분이 좋습니다. 그런데 이 좋은 기분이 영원할 수 있을까요? 아마 그렇지 않을 것입니다. 시간이 지날수록 새로운 제품이 나오면 상대적으로 내가 가진 것은 옛날 제품이 되면서 그 가치가 떨어지거든요. 결국, 현실적으로 점점 부와 멀어지고 있음을 느끼게 됩니다.

그러면 대체 어떻게 해야 부자가 될 수 있을까요? 평상시 우리는 월급을 저축해서 부자가 되려고 합니다. 그러니 부의 길과 멀어지는 것입니다. 저는 소비를 권장합니다. 대신 과소비는 피해야 한다고 생각합니다. 알뜰한 소비는 기본으로 습관화되어 있어야 합니다. 부자가 되는 길은 사실 간단합니다. 내가 남들보다 더 많은 시간을 일해서 다른 월급 체계를 만들어야 합니다. 또는 내가 일하지 않아도 일하는 것보다 더 많은

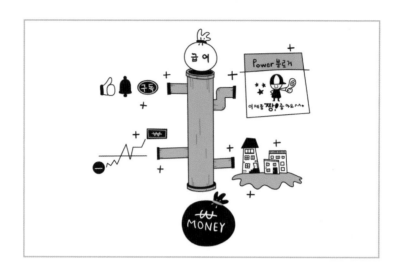

월급을 받을 수 있는 월급 파이프라인을 만들어야 합니다. 월급의 2배, 3배, 4배 … 10배 이상으로 파이프라인을 만들어야 합니다. 그렇게 하면 내가 받는 월급을 소비로 다 지출하더라도 계속 부가 축적되는 것을 느낄 수 있습니다.

그렇다면 직장 외의 월급은 어떻게 만들 수 있을까요? 물론 투잡이 대세이니 또 다른 직업을 구해 밤낮없이 일해서 월급을 받을 수 있습니다. 그런데 과연 이 방법을 지속할 수 있을까요? 밤이고, 낮이고 일하면 건강을 잃을 가능성이 크고, 밤에 잠을 자지 못하니 낮 동안 직장에 출근하면 일 처리 능력이 많이 떨어질 것입니다. 그렇다면 시간을 크게 들이지 않으면서 월급 파이프라인을 어떻게 만들 수 있을까요? 다음과 같은 방법이 있습니다.

첫 번째는 컴퓨터와 친해지면 됩니다. 자금이 들지 않고, 장소에 구애받지 않으며, 내가 좋아하는 것을 하며 돈을 벌 수 있습니다. 요즘은 개인방송을 통해 가치를 창출하는 분들이 많습니다. 유튜브 광고 수입, 협찬 등으로 새로운 파이프라인을 구성합니다. 물론 구독자가 적으면 돈을 벌기 힘들지만, 10만, 20만, 30만 ⋯ 100만 유튜버가 되면, 수익 구조가 빠르게 상승해서 직장 다니는 분들보다 훨씬 돈을 많이 법니다. 개인 블로거도 마찬가지입니다. 블로거들 또한 양질의 정보를 제공함으로써 블로그 조회 수와 협찬을 통해 수익을 냅니다. 굳이 힘들게 노동하지 않고, 자기가 좋아하는 것을 하루 2시간 정도 할애해서 대중에게 알리면 돈을 벌 수 있는 사회가 되었습니다.

두 번째는 주식입니다. 모르는 사람들은 주식을 '도박'처럼 여깁니다. 하지만 과연 도박일까요? 혹시 우리가 주식을 도박처럼 접근하고 있지 않았을까요? 주식은 기업의 가치에 투자하는 것입니다. 그런데 보통 사람들이 주식을 매입해서 기업의 주주가 될 때 과연 이 기업의 영업이익, 발전 가능성, 대표의 마인드 등을 알고 투자하고 있을까요? 그 기업에 한 번도 방문하지 않고, 표면적인 이야기와 소문으로 투자를 하고 있지는 않나요? 주식도 단기적인 시각을 버리고 올바른 기업 분석을 통해 투자하는 분들에게는 좋은 파이프라인이 됩니다.

세 번째는 부동산입니다. 주변에 부동산 투자 이야기를 하면 "부동산은 돈이 많아야 할 수 있는 거 아니야?"라고 묻습니다. 아파트, 빌라, 오피스텔, 토지, 상가 등 만만한 매매금액이 없습니다. 시중에 나온 매물금액을 보면 억 단위가 넘어갈 때가 많습니다. 내가 가지고 있는 현금으로 매입하는 것은 어불성설입니다. 그러니 대부분은 쉽게 접근을 하지 못합니다. 첫 단추를 끼우지 못하니 영원히 내 집 하나 매입하지 못하는 분도 있습니다.

그런데 정말 부동산은 내 돈이 없으면 매입을 하지 못할까요? 부자들만 부동산 투자를 할 수 있는 것일까요? 우리의 상식이 잘못되어 있는 것은 아닐까요? 지금도 어떤 사람들은 부동산으로 제2의 월급을 만들고 있습니다. 저 또한 부동산을 통해 부를 축적하는 편입니다. 상식을 바꾸면 부동산만큼 부를 축적하기 쉬운 시스템은 없습니다.

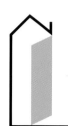

3
종잣돈을 모으려면
남의 돈을 활용하라!

앞서 말했지만, 대부분의 사람은 월급도 적고, 모아놓은 돈도 많지 않은 평범한 회사원입니다. 과연 회사원은 부자가 될수 있을까요? 돈의 종류를 알면 충분히 부자가 될 수 있습니다. 그런데 그 '돈의 종류'란 무엇일까요?

돈은 두 가지 종류로 나뉩니다. 우선 내 돈, 남의 돈으로 분리됩니다. 우리는 자본주의 사회에 살고 있습니다. 어디선가 "돈이 돈을 낳는다"라는 말을 들어보셨을 것입니다. 자본을 많이 굴릴수록 나에게 들어오는 자본은 많아집니다. 부자가되기 위해서는 자본이 많아야 합니다. 내가 활용할 수 있는 자본이 얼마나 되는지 구분을 먼저 해야 합니다.

내 돈을 먼저 생각해봅시다. 내 돈은 말 그대로 일해서 받는 고정수입을 말합니다. 그 고정수입 중 일부를 사용하고, 적금을 든

다고 생각해봅시다. 요즘 적금을 들면 이율이 1%대입니다. 어느 은행에서는 적금 이율을 2.5% 준다고 현수막이 걸려 있더군요.

그러면 이 적금 이율을 기준으로 계산해보겠습니다. 한 달에 100만 원씩 적금을 넣으면, 1년 뒤에는 1,200만 원이 모이고, 이자는 30만 원(1,200만 원×0.025=30만 원) 해서 1년에 총 1,230만 원을 모으게 됩니다. 이렇게 약 1억 원이라는 돈을 모으려면 도대체 얼마나 걸릴까요?

1억 원÷1,230만 원=8.13년

약 8년 2개월이라는 시간이 걸립니다. 투자하기 위해 1억 원이라는 종잣돈을 모으려면 이렇게 8년여의 세월이 필요합니다. 한 달에 100만 원이 아닌 더 적은 돈을 저금하면 더 많은 시간이 필요할 것입니다. 인플레이션이 일어나지 않고, 현금 가치가 지금과 10년 후의 가치가 같다면 모를까, 약 10년 뒤에 우리가 모을 1억 원은 지금의 가치만 못할 것입니다. 물가가 계속 상승하는 까닭에 현금 가치가 계속 떨어질 테니까요.

예를 들어 우리가 가끔 시켜 먹는 짜장면을 생각해볼까요? 제가 사는 곳은 짜장면 한 그릇이 8,000원 정도입니다. 10년 전에는 짜장면 한 그릇이 4,000원 정도 했습니다. 그런데 10년 전 짜장면이 지금의 짜장면과 맛이 다른가요? 재료가 바뀌었나요? 요리하는 곳이 달라졌나요? 주방장이 바뀌었을까요? 다 똑같습니다. 단지 세월이 지나 물가가 상승하고, 현금 가치가 떨어져 4,000원 하던 짜장면이 8,000원으로 가격이 달라진 것입니다. 10년 동안 2배나 가격이 상승한 것입니다.

아마 제가 지금부터 10년간 1억 원을 모으면, 10년 뒤에는 1억 원이 지금의 5,000만 원 가치일 가능성이 큽니다. 세계에서 돈을 더 많이 찍어내면 그 가치는 좀 더 빨리 하락하겠지요. 인플레이션으로 인해 시간도 '돈'이라는 것을 알 수 있습니다.

그러면 종잣돈을 빠르게 모으기 위해서는 어떻게 해야 할까요? 바로 남의 돈을 이용할 줄 알아야 합니다. 부동산 투자를 하려면 레버리지 효과를 극대화해야 합니다. 남의 돈도 종류가 있습니다. 은행 돈, 세입자 돈, 지인 돈입니다. 이 세 가지 돈을 상황에 맞게 사용하면 남의 돈으로 내 돈을 만들 수가 있습니다.

개인이 은행 돈을 이용할 경우 신용대출과 담보대출을 많이 사용합니다. 직장이 안정적이면 신용대출을 억 단위로 이용할 수 있습니다. 담보대출은 현재 정부 규제로 지역마다 다릅니다. 제가 부동산을 매입할 때는 경매, 공매로 매입하기 때문에 담보대출은 필수입니다. 담보대출은 부동산의 70~90%로 부동산의 물건, 상황에 따라 조금씩 바뀝니다.

대출로 부동산을 매입하는 방법을 이해하기 편하게 세금 부분과 기타비용은 제하고 설명하겠습니다. 매매가격이 1억 1,000만 원인 주택이 있습니다. 경매로 조금 저렴하게 1억 원으로 매입합니다. 그러면 담보대출이 80% 가능합니다(지역마다 다름). 담보대출 8,000만 원에 신용대출 2,000만 원으로 1억 1,000만 원인 주택을 1억 원에 매입합니다. 이때 내 돈은 얼마나 들까요? 담보대출과 신용대출은 이율이 조금 다르지만, 평균적으로 3%로 가정하겠습니다.

한 달 은행 대출 이율
→ 1억 원(원금)×0.03(이율)/12(매달)=250,000원

내 돈 25만 원으로 1억 1,000만 원 상당의 주택을 매입하게 되었습니다. 매입한 주택이 특이점이 없으면 매각할 때 평균적으로 3개월이 소요됩니다. 3개월 동안 은행이자 75만 원을 내면 매각 후 1,000만 원이라는 큰돈이 남습니다. 어떤 은행에서도 3개월 동안 25만 원씩 저금한다고 1,000만 원이라는 이자를 주지는 않을 것입니다. 이 부동산을 매입하고 이자로 낸 25만 원도 신용대출을 이용하면 수익은 더욱 극대화가 됩니다.

부동산 매입 시 세입자의 돈도 많이 이용됩니다. 주택을 매입하지 않고 거주하려면 세입자가 되어야 합니다. 세입자는 주택에 거주할 시 전세 및 월세로 살아야 합니다. 투자자는 세입자의 보증금을 이용할 수 있어야 합니다. 부동산 매입 시 담보대출을 이용하면 이자가 부담스러울 때가 있습니다.

매매가격이 1억 1,000만 원인 주택이 있습니다. 전세가격은 약 90%인 1억 원이라고 가정하겠습니다. 이 또한 경매로 조금 저렴하게 1억 원에 매입합니다. 앞에 설명했듯 똑같이 대출을 이용해 등기 이전을 합니다. 현재 가격은 1억 1,000만 원이지만, 2년 정도 시간 지나면 1,000만 원이 상승하는 주택입니다. 그러면 좀 더 보유해야 합니다. 하지만 매각하지 않고 계속 보유하게 되면 매달 25만 원을 내야 합니다. 이럴 때 세입자에게 전세로 주택을 제공합니다. 내가 매입한 가격이 1억 원이고,

전세금이 1억 원이니 세입자에게 전세로 주택을 제공하면 내 돈이 하나도 들지 않습니다. 그리고 2년 뒤 이 주택을 매각하면 2,000만 원이라는 목돈이 만들어집니다.

월세 세팅도 마찬가지입니다. 월세가격이 보증금 2,000만 원에 30만 원이라고 가정해보겠습니다. 보증금 2,000만 원으로 신용대출을 갚으면 매달 담보대출 8,000만 원에 대한 이자만 갚으면 됩니다.

한 달 은행 담보대출 이율
→ 8,000만 원(원금)×0.03(이율)/12(매달)=200,000원

담보대출 이자를 20만 원을 제하면 매달 10만 원이라는 현금흐름이 생기게 됩니다. 2년 뒤 이 주택을 매각하면 2,000만 원이라는 목돈도 챙기는 일석이조 기법입니다.

마지막은 지인 돈입니다. 여기서 말하는 지인 돈은 지인에게 돈을 빌려서 투자하라는 말이 아닙니다. 공동 투자로 함께 하라는 말입니다. 물론 공동 투자를 하면 수익이 줄어듭니다. 하지만 수익이 줄어드는 대신 리스크를 줄일 수 있으며, 시간 대비 여러 물건을 한꺼번에 투자를 진행함으로써 투자에 대한 경험치를 빠르게 얻을 수 있습니다.

앞에 대한 예시를 다시 한번 들어보겠습니다. 매매가격이 1억 1,000만 원인 주택이 있습니다. 경매를 통해 1억 원에 매입합니다. 이때 담보대출을 받으면 약 8,000만 원이 실행됩니다. 그러면 주택 매입 시 부족한 부분 2,000만 원에 대해 신용대출을 이용합니다. 만약 공동 투자를 2명이 진행하면 각각 1,000만 원 대출을 진행하면 됩니다. 3명이면 각각 670만 원을 내면 됩니다. 이자 부담은 사람이 많으면 적어집니다.

한 달 은행 담보대출 이율
→ 8,000만 원(원금)×0.03(이율)/12(매달)＝200,000원

2명이면 한 달 이자가 15만 원이고, 3명이면 7만 원 정도로 물건을 보유한 후 매각할 수 있습니다. 물론 이득분 1,000만 원을 나눠야 하므로 이익분은 줄어듭니다. 대신 물건의 투자 실패 시 리스크가 줄어드는 장점이 생깁니다. 혼자서 투자할 시 실패가 발생하면 모든 책임은 나에게 돌아오지만, 공동 투자를 하면 리스크가 분산이 됩니다.

하지만 공동 투자로 리스크를 줄이는 것은 좋지만, 사공이 많으면 배가 산으로 갈 수 있습니다. 공동 투자 시 믿을 수 있는 사람과 적정인원을 생각해 투자를 진행하는 것이 좋습니다.

4
긍정적인 마음가짐을 가져라

우리는 살아가면서 여러 사람을 만나게 됩니다. 여러 사람과 만나서 이야기하다 보면 상대방이 사물을 대하는 태도를 알 수 있습니다. 같은 사물을 보더라도 긍정적으로 이야기하는 사람이 있고, 부정적으로 이야기하는 사람이 있습니다. 쉽게 예를 드는 것 중 물컵에 물이 반이 남아 있을 때, 그 사람의 태도입니다. 같은 사물을 보고도 다르게 이야기합니다.

긍정적인 사람은 "물이 반이나 남았네"라고 이야기하지만, 부정적인 사람은 "물이 반밖에 안 남았네"라고 이야기합니다. 별것 아닌 것처럼 보이지만, 이런 차이가 부자와 가난한 자를 나눕니다. 긍정적인 사람은 다른 사물과 어떤 행위를 해도 항상 긍정적으로 이야기하지만, 부정적인 사람은 항상 부정적으로 이야기합니다. 바위 위에 떨어지는 물 한 방울은 바위를 뚫지 못하지만, 바위의 같은 자리에 계속 물이 떨어지면 아무리

단단한 바위라도 구멍이 납니다.

투자에 대한 태도도 마찬가지입니다. 매사에 부정적인 사람은 투자에 도전하는 것 자체도 쉽지 않습니다. 아파트 한 채를 보더라도 꼼꼼하게 비교하기는커녕 가격만 듣고, "철근콘크리트가 뭐가 이렇게 비싸? 건물은 낡으면 가격이 내려갈 거야"라고 말하며 투자에 접근조차 하지 않습니다. 또 아파트 비교분석을 하다가 가격이 좀 저렴한 집이 있으면 매입하기보다는 "저 아파트는 저층이라 안 돼", "저 아파트는 동향이라 안 돼", "저 아파트는 세대수가 적어서 안 돼" 하며 비난하기에 바쁩니다.

긍정적인 사람은 같은 아파트를 보더라도 "주변 같은 연식 아파트보다 저렴한 것 같아", "저층이더라도 가격이 저렴하고 아기들이 많은 집에서 매입할 것 같아", "아파트가 동향이라 햇살이 덜 들어오더라도 조망이 좋은 것 같아", "세대수는 적지만 주변 인프라가 뛰어난 거 같아" 등 아파트의 긍정적인 점을 찾기에 바쁩니다. 긍정적인 부분을 많이 보는 사람은 관련 부동산을 매입하기까지 마음의 장벽이 없습니다. 이 차이가 결국 부동산을 보유한 사람과 보유하지 못하는 사람으로 나눠집니다. 대부분 부동산은 시간이 지나면 가치가 우상향을 하게 되어 부동산을 가진 사람은 부자가 되기 마련입니다.

이러한 사실을 알아도 우리 주변에서 긍정적인 사람보다는 부정적인 사람을 만나기가 더 쉽고, 많습니다. 왜 그럴까요? 긍정적으로 살아가는 게 좋다는 것을 알면서 자꾸 부정적으로 생각하는 나를 발견하게 됩니다. 아마 인간이라는 동물은 부정적으로 생각하는 사람이 살아날 가능성이 컸을 것입니다. 아주 먼 옛날 과학이 없는 시대에 인간은 아주 약한 존재였습니다. 하루하루 생존이 중요했습니다. 배가 고파 수렵을 하다가 육식동물을 만나 죽거나, 나무에 자라나는 버섯을 먹다가 독 때문에 죽거나, 우거진 수풀을 헤치며 가다 가벼운 부상으로도 죽었습니다. 인간이라는 존재는 너무 쉽게 위험에 노출이 되는 약한 존재였습니다. 그러니 모르는 것은 손대지 말고, 궁금한 것은 모른 척하라고 유전적으로 깊숙이 학습되었을 것입니다. 살아남을 확률을 높이기 위해 도전 자체를 꺼리고 부정하는 것입니다.

하지만 이제는 시대가 바뀌었습니다. 인간을 위협하는 육식동물은 동물원에서 만납니다. 배고픔을 피하려고 나무 위에 이름 모를 버섯을 먹지 않아도 됩니다. 사람이 지나다니는 길은 반듯하게 정비가 되어 부상의 위험도 적습니다. 이제 우리는 안전한 공간에서 살고 있습니다. 생존의 위협에서 벗어났으면 자존감을 높이는 법을 배워야 합니다. 부정적으로 생각하고 행동하면 자존감은 높아질 수가 없습니다.

자존감을 높이고 싶어도 그 방법을 찾지 못해 포기하는 분들이 많습니다. 가장 쉽게 자존감을 높이는 방법은 부정적으로 생각하는 사람을 멀리하고, 긍정적으로 생각하는 사람과 친해져야 합니다. 그들과 친해지기 위해서 내 생각을 표현하기보다는 그 사람의 행동방식과 사고방식을 유심히 관찰해 내 것으로 만들어야 합니다. 처음에는 물론 쉽지 않습니다. 이전까지 살아오면서 부정적으로 생각했던 부분을 한순간에 긍정적으로 받아들이기는 힘이 듭니다. 하지만 내가 목표가 있고, 부자가 되기 위해서는 긍정적인 마음가짐은 필수입니다.

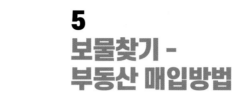

5
보물찾기 -
부동산 매입방법

  부동산 투자는 보물찾기와 비슷합니다. 보물이 되는 부동산을 찾아서 매입하면 돈이 됩니다. 보물이 되는 부동산을 찾는 방법은 제가 매입한 사례를 통해 이야기하도록 하겠습니다. 그 전에 매입하는 방법에 관해 이야기하도록 하겠습니다.

  부동산 매물이 여러 개 있듯 매입방법도 여러 방법이 있습니다. 대부분 공인중개사를 통해 일반매매를 많이 합니다. 일반매매의 장점은 중개사를 통해 매매하다 보니 어디 가서도 환영을 받을 수 있습니다. 매수자는 원하는 집이 매물에 나오면 중개사와 약속을 해 매수자가 원하는 시간에 집을 볼 수 있습니다. 집을 보러 가면 중개사가 옆에서 그 집에 관해 설명을 친절하게 해줍니다. 매도자 또한 집을 편히 보라고 자리를 비켜주기도 합니다. 이야기를 잘하면 약간의 가격이 조절됩니다. 큰 금액은 아니어도 매도자가 내놓은 가격에 200~300만 원 정도는 쉽게 깎을 수가 있습니다. 매도자도 집을 내놓을 시 어느 정도 절충을 생각하고 냅니다.

일반매매의 단점은 역시 가격입니다. 그 아파트의 현 시세에 매입하게 되거나 그 아파트의 로열동, 로열층은 평균 시세보다 가격이 높을 수밖에 없습니다. 매수자가 매도자나 중개사에게 아무리 이야기를 잘한다고 해도 엄청나게 가격을 깎을 수가 없습니다. 일반매매를 하다 보면 조금 더 가격을 낮추기 위해서 급매물을 찾아 나섭니다. 급매물은 사연이 생겨 매물을 급하게 처리하기 위해서 현재의 시세보다 5% 이상 저렴하게 내놓는 물건입니다. 저도 이런 매물을 한번 매입한 적이 있습니다.

역시 이런 급매물은 사연이 있습니다. 아들의 집을 어머니가 매입하고 인테리어를 최상급으로 다 해준 집이었는데, 아들이 결혼문제로 어머니와 다투고 어머니가 화가 나서 부동산 사무실에 인테리어 안 한 집과 똑같은 가격에 내놓은 아파트였습니다. 저는 우연히 다른 집을 임장할 때 그 부동산에 들어가게 되었고, 집이 나오자마자 바로 계약을 하게 되었습니다. 잔금기일은 최대한 뒤로 미루고 계약 후 5개월 뒤에 잔금을 냈습니다. 그 당시 5개월 만에 아파트 가격이 10%가량 상승해 잔금을 받는 전 주인의 표정이 좋지 않았던 기억이 있습니다.

급매물은 운이 좋아야 만날 수 있습니다. 다른 방법으로는 인근 부동산 소장들과 친해야 합니다. 사람들이 기본적으로 좋은 것은 나한테 잘해주는 사람한테 주려고 합니다. 부동산 소장들과 친분을 유지하다 보면 매물가격이 저렴한 것을 나한테 소개해줍니다. 하지만 정말 가격이 많이 내려서 나오는 물건은 부동산 소장이 계약하던가, 소장과 가족관계에 있는 친인척들이 먼저 물건에 관한 이야기를 들을 수 있습니다. 그래서 사실 가격이 많이 내린 급매물이 나한테 오게 만들기 위해서는 소장과의 친분도 중요하지만, 끊임없는 발품이 중요합니다.

가격 때문에 급매물을 찾다 보면 좀 더 저렴한 매물을 가지고 싶어집니다. 사연이 생겨 시장에 나와 있는 부동산을 찾는 것보다 사연이 생긴 부동산을 일괄적으로 매각하는 곳을 찾게 됩니다. 부동산을 매입할 때 대부분 자기 자본을 다 투입해 매입하는 사람은 드뭅니다. 은행을 이용해 자기 자산으로 등기이전하는 사람이 많습니다. 즉 은행은 내가 매입할 부동산이 가치가 있으니 그 가치만큼 돈을 빌려줍니다. 자기 자본이 많은 사람은 은행에서 빌려주는 돈을 조금만 사용할 것이고, 자기 자본이 적은 사람은 은행에서 빌려주는 돈을 많이 사용할 것입니다.

이때 은행에서 빌려준 돈에 대한 이자를 잘 갚으면 아무 문제가 없지만, 개인적인 사정으로 3달 이상 이자를 내지 못하면 은행은 빌려준 돈을 찾기 위해 담보물인 부동산을 매각 처리해달라고 법원에 신청하게 됩니다. 이렇게 매각 처리하는 방법을 '경매'라고 합니다. 경매로 나온 물건들은 등기상의 하자, 법적 지식이 필요한 물건, 낙찰 후 전 소유자를 내보내야 한다는 부담감 등이 있어 보통 시중에 나와 있는 부동산 금액보다 저렴하게 가져올 수 있습니다. 경매로 나오는 물건 중 주거용 부동산이 가장 낙찰받기도 힘이 들며, 낙찰가도 높습니다. 그중 가장 낙찰가가 높은 물건이 아파트입니다. 하지만 이 아파트 같은 경우도 현 시세보다 평균 10~20%는 저렴하게 받을 수 있으니 매력적인 시장임이 틀림없습니다.

경매와 비슷한 방식으로 매입이 가능한 시장은 '공매'입니다. 공매는 부동산 소유자가 국가에 세금을 내지 않으면 온비드 전자 입찰을 통해 매각 처리합니다. 공매는 경매랑 다르게 직접 법원에 가서 낙찰을 받는 것이 아니고, 인터넷을 통해 낙찰가를 적어 그 부동산 매각 처리 기간 동안 입찰하면 됩니다. 입찰이 편한 대신에 경매보다 물건이 다양하지는 않습니다. 경매는 사설 사이트가 많아 권리분석을 할 때 한눈에 분석할 수 있지만, 공매는 사설 사이트가 없어 직접 부동산 등기부 등본, 전입세대 열람 확인 등이 필요합니다. 지금은 온비드 사이트에 특이사항이 잘 설명되어 있지만, 몇 년 전만 하더라도 빠진 부분도 상당해 직접 확인이 필요했습니다. 공매는 경매보다 손이 더 많이 가서 그런지 경매보다 입찰자가 떨어지고 조금 더 저렴합니다.

경매, 공매 매입보다 더 저렴하게 매입할 방법을 공부하다 보면 NPL이라는 매입방법이 있습니다. 이 NPL을 알기 위해서는 물건의 고유 가치, 낙찰 후 배당락의 관계, AMC회사와의 협상 등 전방위적으로 공부가 많이 필요합니다. NPL은 근저당 채권을 매입하는 게 기본이 됩니다. 우리가 부동산을 매입하면 은행에서 빌려주는 금액보다 더 많은 금액이 부동산 등기부 등본에 기재됩니다. 대부분 은행근저당 채권이 평균 120% 기재(은행마다 다르지만 110~130% 기재)가 됩니다.

예를 들어 은행에 1억 원을 빌리면 1억 2,000만 원이 부동산 등기부 등본에 기재가 됩니다. 은행에서 담보대출을 빌릴 때 이자 납부가 지연되면, 저금리로 빌린 이자가 18% 이상이 됩니다. 개인이 빌린 대출이 채권최고액에 도달할 때까지 연체이자 상당 배당차익을 얻을 수가 있습니다. 또한, 그 채권최고액을 이용해 물건으로 상환할 수 있습니다. 이미 상당 부분 차익을 확보하고 투자를 진행하기 때문에 수익을 극대화할 수 있는 투자입니다. 매입방법에 따라 론세일 방식, 채무

인수 방식, 대위변제, 채권일부양수도 방식으로 명칭이 바뀌지만, 수익을 내는 기본구조는 채권의 이해와 부동산 물건의 이해입니다.

일반매매, 급매, 경매, 공매, NPL 등은 전부 부동산을 매입하는 방식이며, 수익을 내는 구조는 어느 것이 더 좋다고 확신할수는 없습니다. 매입방법이 다르듯 장단점이 다 다릅니다. 기본적인 매입구조는 이렇지만, 상세히 들어가면 설명할 부분이 많습니다. 저는 기본적으로 경매로 매입을 많이 하지만, 투자금이 빠르게 회수가 되면 매입방식에 크게 제한을 두지 않습니다. 매입방법에 대한 기본 이론서는 시중에 많이 있어서 이책에서는 기술하지 않겠습니다. 대신 이 책에서는 제가 매입하는 방법과 물건에 대한 분석 기준을 설명하도록 하겠습니다.

Tip 보물이 될 부동산을 매입하는 방법

1. 부동산의 종류는 아파트, 주택, 대지, 전, 답, 상가 등 다양합니다. 처음에는 어떤 종류의 부동산을 매입할 것인지 결정합니다.

2. 관심 있는 지역을 설정합니다. 대부분 자신이 거주하는 인근으로 결정하고 점차 지역을 확장하는 방식으로 관심을 두도록 합니다.

3. 관심 있는 지역의 부동산 시세를 조사합니다. 아파트면 매입가, 토지면 평당 매입가, 상가면 임대료 등 시세를 정확하게 알아봅니다. 시세를 조사하다 보면 운이 좋으면 급매물을 만날 수도 있습니다.

4. 인터넷을 통해 관심 지역의 지도를 프린트하고 조사한 시세를 직접 수기로 작성합니다. 현장에 가서 직접 부동산을 눈으로 보고 발품으로 시세를 조사하고 수기로 작성하면 기억에 오래 남습니다.

5. 인터넷에 대한민국법원 법원경매정보를 이용해서 경매로 관심 지역 부동산을 검색하고, 온비드 사이트를 이용해 공매로 관심 지역 부동산을 검색합니다.

6. 시세보다 저렴하게 감정된 매물, 유찰이 많이 된 매물 위주로 현장을 답사합니다.

7. 현장답사를 통해 원금 회수가 빠르고, 저렴하게 매입이 가능한 부동산에 입찰합니다.

8. 낙찰 후 부동산 등기상 하자를 정리하고, 매각 및 임대차를 통해 원금과 수익을 회수합니다.

월급쟁이 부자 되기 프로젝트

Part 2

0원으로
토지 투자하기

1
보물이 될
토지 찾기

　나에게 보물이 될 토지를 찾기 전에 부동산을 매입할 가용 자금을 먼저 만들어야 합니다. 매입할 돈이 없으면 매각도 할 수 없으므로 돈을 벌 방법이 없습니다. 모든 직장인이 마찬가지겠지만, 부동산을 매입할 목돈을 모으기가 쉽지 않습니다. 직장인은 돈을 모으기 위해 월급을 받으면, 일부분을 꾸준히 통장에 저금하고 남은 돈을 사용해야 어느 정도 목돈을 만들 수 있습니다.

　하지만 저는 돈을 모으는 재주가 없는지 잘 모이지 않았습니다. 그렇다고 돈을 벌 수 있는 부동산 투자를 안 할 수는 없었습니다. 앞에서 설명했듯 내 돈이 없으면 남의 돈으로 부동산을 매입합니다. 가용할 수 있는 돈 중에 은행 돈과 지인 돈을 이용해 목돈을 만듭니다. 직장인들은 은행에 신용 대출 일부분인 마이너스 대출을 이용하면 쉽게 목돈을 만들 수 있습니다.

은행도 꼬박꼬박 월급을 받는 직장인들을 선호해 좋은 금리에 대출을 해주려고 합니다. 개인 신용에도 문제가 없으면 은행에서는 직장인들의 연봉 이상으로 대출을 진행해줍니다. 이렇게 금리 3%인 마이너스 통장 5,000만 원을 개설했습니다. 군이 신용대출을 하지 않고 마이너스 통장을 연 이유는 사용한 만큼 이자가 붙기 때문입니다. 만약 내가 5,000만 원 마이너스 통장을 개설했어도 3,000만 원만 사용하면 사용 기간만큼 3,000만 원에 대한 이자가 지급되기 때문에 빌리는 처지에서는 가장 합리적인 방식입니다.

지인 돈도 이용해야 합니다. 공동 투자이기 때문에 지인들에게 이윤을 나눠줘야 하지만, 함께하면 혼자 부담해야 하는 리스크도 적어지고, 다 같이 부자가 될 수 있습니다. 지인들도 직장인들이라 모아놓은 돈이 많지 않습니다. 다들 사정이 저와 비슷합니다. 지인들도 마이너스 대출인 5,000만 원을 은행에서 빌리게 됩니다.

이렇게 2020년 1월 2일, 돈이 없는 직장인 3명이 모여 자본금 1억 5,000만 원을 만들었습니다. 자본금이 모였으니 물건을 검색합니다. 물건을 검색할 때는 기준이 있어야 합니다. 현재 시세보다 저렴하게 매입이 가능한 물건, 환금성이 뛰어난 물건, 매각 후 시세차익이 많이 나는 물건 기준으로 검색합니다.

대한민국대법원 법원경매정보 사이트에 들어가면 현재 경매로 매입이 가능한 물건이 많습니다. 경매로 매입하는 이유는 간단합니다. 현재 시중에 나와 있는 매물보다 저렴하게 매입할 수 있기 때문입니다. 매물 검색을 할 때 법원경매정보 사이트보다 인터넷 사설 사이트를 많이 이용하는 편입니다. 사설 사이트가 검색하면 한눈에 보기도 편하고, 원하는 정보끼리 묶어서 검색도 가능하기 때문입니다. 사설 사이트로 스피드옥션, 지지옥션, 굿옥션, 탱크옥션, 부동산 태인 등이 있는데, 저는 그중에 스피드옥션과 탱크옥션을 주로 애용하는 편입니다. 사이트마다 장단점이 있지만, 큰 틀에서 보면 큰 차이가 없어서 그냥 본인이 사용하기 편한 곳에 가입하는 게 좋습니다.

기준을 둔 부분에서 먼저 현재 시세보다 저렴하게 매입이 가능한 물건들을 몇 개 고릅니다. 기준에 부합하는 것 중에 먼저 임장 갈 곳을 정합니다. 역시 가까운 곳이 제일 들리기 쉽습니다. 이번에는 토지 현장이 제일 가깝네요. 일단 인터넷에서 경매 정보지를 열어 임장이 필요한 곳들을 프린트합니다. 정보지를 프린트하지 않고 임장을 가는 분들이 많은데, 저는 프린트하는 것을 추천합니다. 프린트를 해놓으면 임장하면서 궁금한 부분을 바로 체크하며, 종이에 적어나가면서 풀어나갈 수 있습니다. 휴대전화로 사설 사이트를 보면서 임장 활동을 하면 화면도 작아서 보기도 쉽지 않고, 메모를 못 할 때가 많아 들은 내용을 잊게 되어 다시 임장 활동을 해야 합니다. 현장에 갈 때는 경매에 나온 물건의 기본정보를 꼭 프린트해 가길 바랍니다.

※ 스피드옥션 경매 정보지

2
현장 답사
꼭 하기

이제 투자할 물건을 몇 개 선택했습니다. 2020년 1월 20일에 입찰인 물건이 있네요. 현재 선택한 물건 중 가장 입찰일이 가깝고, 위치도 가깝습니다. 직장인은 쉬는 날을 잘 이용해야 합니다. 입찰 2주 전 휴식을 취하는 토요일에 부동산 임장 활동을 합니다. 직장인은 시간이 많이 없으므로 이렇게 주말을 이용해 임장을 해야 합니다.

임장 활동이란 용어가 생소한 분들이 있을 텐데, 임장 활동이란 부동산 현장에 직접 나가서 살펴보는 행위입니다. 부동산의 시세, 위치, 사람들의 유동성, 미래가치 등 현장에 가서 조사하는 모든 행위를 말합니다. 경매 투자를 하는 분 중 몇 번의 입찰과 몇 번의 결과로 현장조사를 소홀히 하는 분들이 있는데 가장 잘못된 방식입니다. 경매 투자뿐만 아니라 일반 매매도 꼭 현장을 봐야 합니다.

이번에 임장 간 토지도 마찬가지입니다. 만약 현장 임장에 대한 안일한 생각이 있었으면 절대 입찰을 할 수 없는 물건입니다. 먼저 위성 지도를 이용해 위치를 먼저 파악합니다.

취락지구 근처에 있는 토지입니다. 지도에 동그라미로 표시한 목적물 토지 근처에는 마을이 있고, 주변에는 논이 있습니다. 우리가 일반적으로 이야기하는 촌입니다. 대부분 주민이 논농사하며 거주하고 있습니다.

지도 위에 이런 토지를 보면 대부분의 사람은 그냥 넘어갑니다. 이유는 '대한민국 인구는 계속 줄어들고 청년들은 도시로 나간다'라고 간단하게 생각하기 때문입니다. 인구가 정말 빠져나가고 있는지 물건지 주변 주거지역에 빈집 매물이 있는지 직접 현장에 나갑니다. 현장에 나와 보니 경매 정보지에 나와 있는 현황 사진이 부족하다고 느낄 수 있었습니다.

※ 경매 정보지 사진

※ 현장 답사 사진

경매 정보지에 나와 있는 사진과 현장 답사 시 찍은 사진을 보면 느낌이 다릅니다. 경매 정보지에 나와 있는 사진이 틀렸다는 것이 아닙니다. 단지 경매에 나와 있는 물건지 말고는 알 수 있는 정보가 없습니다. 로드뷰로 확인하는 사람도 많은데, 로드뷰가 매달 업데이트가 되지 않으므로 주변 정보가 부족할 수밖에 없습니다. 현장에 가니 정보지에 나와 있는 짓다 만 단독주택과 성토가 되어 있는 땅이 보입니다. 물건지 바로 옆을 보니 새로 지은 단독주택이 보입니다. 저는 여기에 초점을 두었습니다. 이 마을에 단독주택을 새로 지어 들어올 만큼 수요가 있다는 것을요.

이제 마을 탐방을 시작합니다. 마을 주민과 이야기를 나눠보면 정말 많은 정보를 얻을 수 있습니다. 마을에 계신 주민들이 적적한지 이야기를 정말 많이 해주십니다. 저는 바로 옆집을 탐방합니다. 조심스럽게 문을 두드리니 안에서 사람이 나왔습니다.

"어떤 일로 오셨나요?"
"이 근처에 혹시 부동산 중개사무소가 있나요? 여기 마을에 집을 짓고 싶은데 근처에 부동산 중개사무소가 없네요?"
"이 마을에는 부동산 중개사무소가 없고요. 마을 밖에 있는데 잠깐만요."

마을 주민분은 이 마을 토지에 대해 잘 아시는 분을 소개해주었습니다. 다른 마을 주민이 오셔서 이런저런 이야기를 합니다. 마을 내에 빈집들이 몇 집이 있지만, 자손들이 절대 팔지 않는다고요. 팔아서 땅값을 받아봐야 큰돈이 되지 않고, 부모님이 살아생전 사용했던 터전이라 팔지 않는답니다. 땅 가격도 이야기해줍니다. 예전에 물어봤더니 평당 50만 원 받고 싶다고 이야기했다고 합니다.

이야기를 나누고 있는데, 처음 만난 마을 주민도 자기도 이런 폐허가 된 집을 구매해서 예전 집을 철거하고 새로 짓고 싶었는데 팔지 않았다고 합니다. 그래서 마을 뒤에 논을 구매해 형질 변경을 신청해 집을 짓게 되었다고 이야기합니다.

이때 중요한 이야기를 꺼냅니다. 자신의 동생도 이 근처에 집을 짓고 싶어 한다고 말이죠. 여러 방면으로 알아봤는데 괜찮은 땅은 너무 비싸고, 저렴하면 너무 이상하더라고 이야기합니다. 그리고 경매에 나온 땅에 관해 이야기도 해줍니다. 이 땅이 경매에 나왔는데 성토가 되어 있어서 구매하고 싶어 토지 주인에게 찾아가서 이야기를 나누었다고 합니다. 토지 주인이 말하길 팔 수 있는 상황이 아니라고 했고, 그래도 계속 협상하자 토지 가격을 너무 비싸게 불러서 구매를 포기했다고 이야기합니다. 그 이야기를 듣자 이 물건으로 원금을 빠르게 회수시키고, 이익을 최대치로 내는 방법이 생각났습니다.

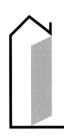

3
경매 입찰 전
등기상의 하자 정리

※ 경매 정보지에 나와 있는 지적도 현황과 건물 현황

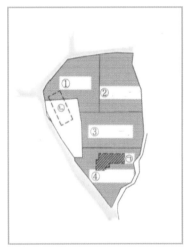

　부동산 임장을 통해 입찰을 결심했습니다. 낙찰 후에 이 토지를 온전하게 사용, 수익할 수 있게 정리해야 할 부분이 있습니다. 첫 번째는 토지 위에 있는 건물들입니다. 앞의 지적도와 현황과 건물 현황을 보면, 낙찰받을 토지 위에 ㉠ 사진처럼 짓다 만 건물이 있으며, ㉡ 사진처럼 다른 지번 토지 주인이 건물을 잘못 지어 낙찰받을 토지 위에 건물이 나와 있습니다.

먼저 ㉠ 부분에 대해 정리할 방향을 생각해봅니다. 중점은 법정지상권의 성립 여부에 따라 처리방법이 다릅니다. 법정지상권을 법적 용어로 설명하면 이해하기 어렵습니다. 이 부동산 물건을 보면서 간단하게 설명하면 낙찰을 받으면 토지만 낙찰자 것이 되고, 짓다 만 건물은 전 소유자의 것이기 때문에 이 토지 위에 짓다 만 건물을 철거할 수 있어야 토지를 온전히 사용할 수 있습니다. 경매 정보지에 나와 있는 요약사항 중 토지 등기사항을 봅니다.

※ 경매 정보지 요약사항

제시외건물현황

	지번	층별	구조	용도	건물면적	감정가격	매각여부
1	상대리 ▓▓	(ㄱ) 단층	경량철골조및판넬조	창고	96.4㎡ (29.16평)	8,676,000원	매각제외
	신축공사중 중단상태						
2	상대리 ▓▓	(ㄴ)	미상	건물일부			매각제외

임차인현황   채무자(소유자)점유   🔍 매각물건명세서 🔍 예상배당표

토지 등기 사항 ▶ 토지열람일 : 2019-04-02   🔍 등기사항증명서

구분	설립일자	권리종류	권리자	권리금액	상태	비고
갑8	2011-07-08	소유권	신▓태외 1명	(거래가)166,000,000원	이전	매매
갑12	2017-08-30	소유권	배▓성	(거래가 4건)181,000,000원	이전	매매
을15	2017-08-30	(근)저당	▓새마을금고	221,000,000원	소멸기준	
갑13	2018-01-26	가압류	변▓섭	54,000,000원	소멸	
갑14	2018-04-25	가압류	이▓동	175,000,000원	소멸	
갑15	2018-07-27	가압류	정▓재	2,319,800원	소멸	
갑16	2019-01-10	가압류	김▓문	20,000,000원	소멸	
갑17	2019-03-15	임의경매	▓새마을금고	청구 : 172,978,760원	소멸	

명세서 요약사항 ▶ 최선순위 설정일자 2017.08.30. 근저당권

소멸되지 않는 등기부권리	해당사항 없음
설정된 것으로 보는 지상권	해당사항 없음
주의사항 / 법원문건접수 요약	일괄매각, 목록1.토지 일부에 소유자 미상의 제시외 건물이 걸쳐 소재하고, 이를 감안한 평가액임.(매각제외, 법정지상권 성립여지 불분명). 목록4. 토지에 신축 중 공사중단 된 제시외 건물 소재하고, 이를 감안한 평가액임(매각제외, 법정지상권 성립여지 불분명). 목록 1, 4 토지는 공부상 지목은 답이나 현황은 잡종지임. 목록4.토지는 농지전용허가를 받고 전용협의를 거친 토지이고, 목록1.토지는 농지전용허가를 받지 않고 일부 현황이 변경된 농지로 향후 의무를 부담하거나 원상회복명령이 발하여질 가능성이 있으므로 사전에 해당관서에 문의후 응찰요. 목록 1~4 토지 각 농지취득자격증명제출요(미제출시 보증금몰수) ※본 사건의 등기부현황(건물/토지)은 대표번지에 대한 등기부현황으로 입찰에 참여하실경우 나머지 필지에 대한 등기부등본을 발급하셔서 소멸기준 권리를 확인하시기 바랍니다.

토지 등기사항을 살펴보면, 2017년 8월 30일에 소유자가 바뀝니다. 같은 날 근저당권자 새마을금고가 이 땅을 담보로 대출을 실행시킵니다. 그리고 나서 2018년 1월부터 토지에 가압류가 설정됩니다. 명세서 요약상황을 보니 '토지는 공부상 지목은 답이나 현황은 잡종지임'이라고 되어 있습니다.

토지이용계획확인원을 이용해 이 토지의 용도를 파악합니다. 용도가 답으로 나와 있습니다. 이 땅은 논과 밭으로 사용해야 한다는 것입니다. 하지만 현황은 건물을 지어 올릴 수 있게끔 성토가 되어 있습니다. 로드뷰를 통해 과거와 비교해보도록 하겠습니다.

2016년 8월 로드뷰   2018년 11월 로드뷰

2016년 8월 로드뷰를 보면 아직 성토되어 있지 않습니다. 이제 어느 정도 상황을 유추할 수 있습니다. 2017년 8월 30일 소유자가 바뀌면서 은행에서 담보대출을 진행해줍니다. 그리고 단독주택지를 짓기 위해 밭을 성토합니다. 그리고 짓는 도중

내부 사정으로 부도가 났을 것입니다. 토지 등기부에 은행 담보대출 뒤 개인 가압류는 소유주의 자금 여력 상황이 좋지 않다는 것을 보여줍니다.

여기에 중점은 소유자가 바뀔 때 은행이 담보대출을 해준 시점입니다. 만약 건물에 법정지상권이 성립되면 민법 2조에 나와 있는 신의성실의 원칙에 어긋납니다. 이 원칙은 '법률관계의 당사자는 상대방의 이익을 배려해 형평에 어긋나거나 신뢰를 저버리는 내용 또는 방법으로 권리를 행사하거나 의무를 이행해서는 안 된다는 추상적 규범'이라 설명하고 있습니다. 법은 너무 딱딱해 이해하기가 힘듭니다. 즉 이 물건 같은 경우는 은행이 담보대출을 해줄 때 건물이 없었다는 것입니다. 건물에 지상권을 인정해주면 토지만 보고 빌려준 은행이 손해를 보게 됩니다. 그러니 토지를 낙찰받으면 민사소송을 통해 건물을 철거할 수 있는 판결문을 받을 수가 있습니다.

ⓒ건물도 간단하게 생각하면 됩니다. 다른 토지주가 건물을 지을 때 낙찰받을 토지를 침범했으므로 침범한 만큼 건물을 철거해달라고 요구합니다. 아니면 낙찰받을 토지 ① 부분을 매입해가라고 요구합니다. 아니면 토지에 대한 사용료를 내라고 요구합니다. 방법은 여러 가지가 있습니다. 건물들을 처리하려면 토지에 중점을 둬 토지를 가지고 있는 게 중요합니다.

명세서 요약 부분을 자세히 살펴보면 중요한 문구가 하나 더 있습니다. '목록 1. 토지는 농지전용허가를 받지 않고 일부 현황이 변경된 농지로 향후 의무를 부담하거나 원상회복 명령이 발해질 가능성이 있으므로 사전에 해당 관서에 문의 후 응찰요. 목록 1~4 토지 각 농지취득자격증명 제출요(미제출 시 보증금 몰수)'라는 어마어마한 문구가 있습니다.

이 내용을 간단하게 설명하면 농지취득자격증을 내지 않으면 낙찰이 되어도 보증금을 몰수하겠다는 문구입니다. 농지취득자격증을 발급받는 것은 어려운 게 아니라서 이 부분도 크게 신경 쓰지 않았습니다. 대신 낙찰 시 농업법인을 제외한 법인은 농지취득자격증이 발급되지 않으므로 개인 명의로 낙찰을 받아야 합니다. 이제 물건의 시세 확인, 원금 회복, 등기상 하자를 정확하게 알아보고 처리방안까지 마련했으니 입찰에 들어갑니다.

4
농지취득자격증
발급받기

경매에 나와 있는 인근 토지 가격을 위성 지도에 기록합니다. 마을 안의 주택은 평당 50만 원, 길이 있는 논은 평당 25~30만 원, 논을 성토해 대지화한 토지는 평당 40만 원이라는 것을 임장을 통해 알아냈습니다. 이제 낙찰가를 산정해야 합니다. 낙찰해 처리할 부분도 많고, 가격을 보수적으로 접근해 평당 13만 2,000원에 입찰하기로 했습니다.

2020년 1월 20일 법원으로 입찰을 하러 갑니다. 사람이 많이 몰린 사건부터 입찰 결과를 알려줍니다. 이것은 법원마다 특색이 다른데, 여기는 사람이 많이 몰린 사건부터 결과를 알려줍니다. 여러 법원에 가다 보면 사건번호대로 진행하는 법원이 있습니다. 이때 응찰자가 많은 사건이 뒤에 있으면 여기저기 불만의 원성이 높습니다. 저도 응찰자가 많은 사건부터 불러주는 법원을 좋아합니다.

소재지	경상북도 포항시 북구 청하면 상대리 ■■■ 외필지				
용도	답	채권자	■■새마을금고	감정가	167,566,000원
토지면적	2394㎡ (724.18평)	채무자	배■성	최저가	(49%) 82,107,000원
건물면적		소유자	배■성	보증금	(10%) 8,210,700원
제시외	제외 96.4㎡ (29.16평)	매각대상	토지일괄매각	청구금액	172,978,760원
입찰방법	기일입찰	배당종기일	2019-05-28	개시결정	2019-03-15

기일현황

회차	매각기일	최저매각금액	결과
신건	2019-11-25	167,566,000원	유찰
2차	2019-12-23	117,296,000원	유찰
3차	2020-01-20	82,107,000원	매각
김 우외2명/입찰2명/낙찰95,612,000원(57%) 2등 입찰가 : 94,300,000원			
	2020-01-23	매각결정기일	허가
	2020-02-21	대금지급기한	

감정평가현황 ▶ 구일감정 , 가격시점 : 2019-05-02 🔲 감정평가서

토지	건물	제시외건물(포함)	제시외건물(제외)	기타(기계기구)	합계
167,566,000원	x	x	8,676,000원	x	167,566,000원
비고	※ 타인제시외건물이영향을받지않은감정가:상대리■■43,848,000원)				
	※ 제시외건물이영향받지않은감정가:상대리■■(42,840,000원)				

토지현황 🔲 토지/임야대장 🔲 토지이용계획/공시지가 🔲 부동산정보 통합열람

	지번	지목	토지이용계획	비교표준지가	면적	단가(K㎡당)	감정가격	비고
1	상대리■	답	생산관리지역	26,000원	609㎡ (184.22평)		42,021,000원	현황 "잡종지" 타인제시외건물로 인한감안감정
2	상대리■	답	생산관리지역	26,000원	595㎡ (179.99평)	72,000원	42,840,000원	현황 "휴경지"
3	상대리■	답	생산관리지역	26,000원	595㎡ (179.99평)	71,000원	42,245,000원	현황 "휴경지"
4	상대리■	답	생산관리지역	26,000원	595㎡ (179.99평)		40,460,000원	현황 "잡종지" 제시외건물로 인한감안감정
기타	상대마을회관 남측 인근에 위치 / 부근은 농가주택, 농경지, 임야 등으로 형성된 마을주변 농경지대임 / 기호1,2,4)는 본건까지 기호3)은 인접지 경유 차량진입 가능하며, 제반교통사정은 보통시됨 / 공히 자체지반 대체로 고르평탄한 부정형 토지 / 기호1)은 북서측으로 폭 약3M의 포장도로와 접함 / 기호2,3)은 북측으로 폭 약3M의 포장도로와 접함 / 기호4)는 남측으로 폭 약3M의 포장도로와 접함 / 기호2,3,4)는 지적상 약 2M - 3M의 비포장도로와 접함							

시간이 지나고 제가 입찰한 물건의 응찰자를 부릅니다. 응찰자가 2명이라고 합니다. 그 순간 낙찰자를 적는 담당 주무관한테 그냥 갑니다. 제가 1등을 하네요. 2등을 한 분이 저를 이상하게 쳐다봅니다. '어떻게 네가 1등 할지 알았냐?'라는 눈빛입니다. 그만큼 열심히 조사해서 자신이 있었거든요. 낙찰가는 95,612,000원입니다.

농지는 낙찰을 받고 해야 할 일이 있습니다. 농지취득자격증을 발급받아야 합니다. 용도가 '답'이기 때문에 발급을 받지 않으면 보증금이 몰수당하는 안타까운 일이 발생합니다. 매각허가결정기일까지 법원에 농지취득자격증을 제출해야 합니다. 농지취득자격증에 대해 아는 분이 적은데, 국가에서 비농민의 투기적 농지 매입을 규제하고, 농민에게만 농지의 매입을 허용해 농지를 직접 자경할 수 있게 만든 제도입니다. 경매에서 낙찰을 받고 매각허가결정기일까지 7일이 소요됩니다.

토요일, 일요일을 제외하면 평일 5일 동안 관련 토지의 면사무소에 찾아가서 농지취득자격증을 발급받아 법원에 제출해야 합니다. 경매로 낙찰받은 그 주는 설날이 있어 평일 4일 안에 농지취득자격증이 나와야 합니다. 마음은 급하지만, 힘을 내기 위해 법원 근처에서 식사하고 해당 경매계에 다시 들립니다. 경매계에 '최고가 매수인 증명' 발급 신청을 해 발급을 받아야 합니다. 낙찰받은 물건지의 면사무소에 낙찰영수증을 가져가면 물건지를 모를 수가 있습니다. 시간 낭비를 피하려고 '최고가 매수인 증명'을 발급받아 관할 면사무소에 향합니다.

면사무소에 가서 농지취득자격증을 발급하는 담당자를 찾습니다. 어떤 용무로 왔냐고 묻습니다. 방금 낙찰받은 토지의 지번과 사건번호를 이야기해주며 농지취득자격증을 발급해 달라고 말합니다.

"여기는 짓다 만 건물이 있어 농지취득자격증 발급이 힘듭니다. 이 물건 입찰 전에 다른 사람들이 문의가 많이 왔었습니다. 혹시 전화했나요?"

담당자와 이야기를 하면서 몇 가지를 알 수 있었습니다. 담당자가 농지취득자격증 발급이 힘들다고 했으니 입찰을 포기한 사람이 많았고, 문의가 많았다고 하니 이 부동산 물건지가 땅을 투자하는 분들에게는 인기가 있다고 유추가 되었습니다. 이제 제가 답변을 잘해야 합니다.

"저는 건물을 지을 생각이 전혀 없습니다. 여기에 나무를 몇 그루 심으려고 합니다."
"무슨 나무를 심으려고 그러시나요?"
"이 토지 위에 지어져 있는 건물은 철거소송을 통해 철거할 것이고, 여기에 매실나무를 심어보려고 합니다."
"정말 매실나무를 심을 건가요?"
"네, 교육 차원에서 아이들과 같이 심을 겁니다."
"건물은 언제 철거가 가능할까요?"
"소유권이전 후 철거소송을 하면 최소 6개월에서 1년이 걸릴 것 같습니다."

"6개월 안에 철거 부탁드리며, 농지취득자격증을 발급해드리겠습니다."

"네, 감사합니다."

낙찰한 그 주에 농지취득자격증을 발급받아 법원에 제출했습니다.

농지취득자격증 발급을 어렵게 생각하는 분들이 많은데, 이처럼 농사를 하겠다고 강력한 의지를 표현하면 담당자는 발급해줍니다. 농지취득자격증 때문에 토지 용도가 전, 답인 곳의 입찰을 포기하지 마시기 바랍니다.

5
투자 원금
회수하기

    농지취득자격증을 제출했으니 매각허가결정이 떨어지면 소유권이전이 가능합니다. 소유권이전을 바로 하면 전부 은행 돈이라 이전 후부터 이자를 지급해야 합니다. 토지는 주택과 다르게 월세를 받기 어렵고, 용도가 답이면 돈보다는 작물을 받을 때가 많습니다. 먼저 채무자이자 소유자의 이야기를 들을 필요가 있습니다. 법원에서 채무자이자 소유자의 전화번호를 알 수 있었습니다. 운이 좋다고 생각하며 전화를 걸었습니다. 그런데 전화를 해도 전화를 받지 않습니다. 혹시 몰라 문자를 남겨놓습니다.

> 안녕하세요. ○○○ 선생님. 다름이 아니라 저는 이번에 ○○ 땅을 낙찰받은 사람입니다. 여러 번 전화를 드렸는데, 연락을 안 받으셔서 이렇게 문자를 남깁니다. 문자를 보시면 연락 부탁드립니다.

채무자이자 소유자의 이야기만 기다릴 수 없었습니다. 매각 허가결정이 난 그 주에 현장을 방문했습니다. 저번에 임장 활동을 하면서 뵙게 된 마을 주민이 있었습니다. 반가운 마음에 먼저 인사를 하고 이야기를 나눕니다.

"저번에 집터를 찾던데 집 지을 곳은 구했나요?"

"마음에 드는 곳은 너무 비싸고 해서 그냥 제가 이 앞에 공사하는 땅을 낙찰받았습니다."

"축하드립니다. 땅이 엄청 넓은데 여기에 다 집을 지을 건가요?"

"저도 이 땅을 다 쓸 생각이 없고 반은 매각하려고 합니다. 그때 땅이 필요하시다는 분이 있다고 하지 않았나요? 저도 사용해야 하고 해서 비싸게 팔 생각이 없습니다."

"얼마에 팔려고 하시나요?"

"이 근처에 괜찮다고 이야기하는 곳은 평당 40만 원은 다 넘는 것으로 압니다. 저는 그만큼 받을 생각은 없고, 평당 30만 원에서 평당 35만 원까지 생각합니다."

"전화번호를 주면 연락하라고 하겠습니다. 전화번호가 어떻게 되시죠?"

마을 주민에게 전화번호를 남기고 웃으며 헤어졌습니다. 바로 그다음 날 구매 의사가 있는 분에게서 연락이 왔습니다. 주말에는 지금 현장에 오기가 힘드니 월요일 저녁에 직접 보기로 했습니다.

2020년 2월 3일 월요일 저녁, 커피숍에서 구매자와 만납니다. 서로 덕담이 오고 갑니다. 이제 본론을 이야기할 차례입니다. 구매자들은 4필지 중 1필지만 구매하고 싶다고 보수적으로 이야기합니다. 구매자의 의도대로만 끌려가서 1필지만 매각하면 저도 원금회복을 하지 못해 곤란해집니다. 2필지씩 묶어 팔지 않으면 나머지 필지들을 매각하기 힘드니 2필지를 매입하라고 주장합니다. 대신 시세보다 저렴하게 주겠다고 이야기합니다. 제 땅을 매입하기 전 주변 땅값을 알아본 구매자들이라 이야기하기가 편합니다.

"현재 이 근처 땅값이 평당 40만 원 이상 하는 것으로 알고 있습니다. 저도 많이 받을 생각은 없습니다. 평당 30만 원에 매각할 의향이 있습니다."

"저희들이 현재 돈이 많이 없습니다. 조금만 더 깎아주시면 안 될까요?"

"얼마까지 생각하시는지 모르겠지만, 이 가격은 성토가 되지 않은 땅의 가격보다 저렴합니다. 어차피 주변을 많이 돌아보셨으니 이 정도 가격이면 급매물보다 저렴합니다."

"네, 알고는 있는데 좀 더 조정해주시면 안 될까요?"

"그 부분은 생각해보겠습니다. 그러면 어느 필지를 매입하시려고 하나요?"

"건물을 짓다 만 필지를 매입하고 싶은데 가능할까요? 어차피 저희도 집을 지어야 해서 그쪽이 더 나아 보이는데요."

"저도 그러고 싶은데 건물은 제 것이 아니라서 철거소송을 진행해야 합니다. 그냥 건물이 없는 부분을 매입하시길 권유해드립니다."

몇 번의 실랑이 끝에 매각할 지번과 가격을 정리했습니다. 지적도 현황에 나와 있는 ①번과 ②번 필지를 매각하기로 결정했습니다. ①번 토지의 평수는 다른 필지에 있는 평수보다 4평 정도 더 많지만, 두 필지를 합해 그냥 360평에 대한 가격만 받기로 했습니다. 가격은 평당 30만 원에 거래하기로 했습니다. 하지만 마지막에 매수자들이 500만 원만 더 깎기를 희망한다고 해서 1억 300만 원[(360평×30만 원)-500만 원]에 매각을 결정했습니다. 그다음 날 오전에 가계약금을 입금한다고 하고, 소유권이전 후 계약하기로 한 후, 웃으며 헤어졌습니다.

다음 날 약속된 가계약금이 입금이 되었습니다. 그런데 그날 채무자이자 소유자가 만나자고 전화가 왔습니다. 이제야 문자를 봤다면서요. 제 입장에서는 당연히 급할 게 없었습니다. 잔금 납부 전에 원금이 회복하고도 남는 계약을 했기 때문입니다. 저녁에 약속 시간을 잡아 채무자이자 소유자인 토지 주인을 만났습니다. 간단히 인사하고 대화를 나누었습니다.

"어떻게 매각허가결정을 받았나요?"

"낙찰을 받았으니 매각허가결정이 나는 게 당연한 것 아닌 가요?"

"아니, 은행에서 분명히 농지취득자격증이 안 나올 거라서 낙찰이 안 될 거라고 하던데요."

"농지취득자격증은 그 지역 동사무소 담당자님이 발급해주시는 거지요. 은행에서 발급해주는게 아니지 않습니까?"

"아니, 분명히 안 된다고 했는데 … 그래서 입찰을 안 한 겁니다."

"그러면 알아보시면 되고요. 땅 위에 있는 짓다 만 건물은 어떻게 하실 생각입니까?"

"그냥 계속 공사를 하고 싶습니다."

"그건 불가능하고, 제 땅이니까 철거를 부탁드립니다."

"일단 알아보고 전화하겠습니다."

간단한 대화 뒤 헤어졌습니다. 며칠 뒤 다시 연락이 왔습니다. 토지주가 건축업자를 데려왔습니다. 대화를 몇 마디 해보니 건축업자가 토지주보다 갑인 듯 보였습니다. 낙찰자인 제 앞에서 건축업자가 토지주에게 야단을 쳤습니다. 왜 그러는지 모르겠지만 저는 제 할 말만 했습니다.

"협상이 늦어 제가 이미 2필지를 매각했으니 나머지 2필지를 매입하시든지, 건물을 철거해주시기 바랍니다."

"철거는 못 하니 토지는 얼마에 매각할 생각이신가요?"

"현재 평당 40만 원 이상 하는 것으로 알고 있으니 평당 40만 원에 매각하도록 하겠습니다."

"그렇게는 매입할 수 없습니다. 낙찰가에 조금만 더 얹어서 주면 되지 않습니까?"

"저는 급할 것 없습니다. 생각해보시고 연락 주세요."

그 자리에서 나왔습니다.

이제 소유권이전 후 2필지 매각을 진행해야 합니다. 소유권이전을 하기 위해 담보대출을 알아봅니다. 법정지상권성립 여부로 은행에서 대출을 안 해줍니다. 담보대출은 포기하고 신용대출로 매입하기로 결정합니다. 잔금납부일이 1주일 정도 더 남았지만, 매각을 위해 소유권이전을 진행합니다. 은행담보대출이 없으니 법무사를 직접 알아봅니다. 요즘은 셀프등기가 유행이라 직접 등기를 진행하는 분들도 많이 계신데 큰 어려움은 없지만 시간이 오래 걸립니다. 그래서 저는 그냥 법무사를 통해 소유권이전을 진행합니다. 그 주 주말을 이용해 2

필지 구매자들을 만나 계약서를 작성합니다. 열흘 뒤에 잔금을 받고 구매자들에게 소유권이전을 합니다.

들어간 비용을 계산해봅시다. 취득세 및 법무비용을 다 합해도 1억 원이 넘지 않았습니다. 1억 원에 대한 은행이자는 15만 원이 되지 않았습니다. 잔금 납부 후 약 2주도 안 된 기간에 투자금을 다 회수하고 약간 남았습니다. 또한 360평이라는 물건이 수중에 남게 되었습니다. 이 물건도 시간을 두고 매각하면 평당 40만 원 이상의 값어치가 있으니 돈으로 환산하면 1억 4,400만 원 이상입니다. 이제 토지의 정상 값어치를 받을 준비를 해야 합니다.

6
짓다 만 건물
처리하기

2필지는 매각정리가 되니 지적도 현황에 나와 있는 ④번 토지 위에 있는 짓다 만 건물을 처리해야 합니다. 먼저 전 토지주에게 내용증명을 보냅니다. 빠른 수익이 나지 않더라도 감정을 배제하고 내용증명을 써서 보냅니다.

- 경매를 통해서 현 토지를 낙찰받았기 때문에 제가 소유권자가 되었습니다.
- 토지 위에 건축되어 있는 건물을 철거해주시기 바라며, 철거 전까지 지료를 입금해주세요.
- 짓다 만 폐기물은 처리하지 않으면 환경부에 고발하겠습니다.

사실을 바탕으로 내용증명을 길게 풀어 육하원칙에 맞게 보냈습니다. 내용증명을 보냈더니 반송조치가 됩니다. 이러면 소송하기가 복잡해집니다. 어디에 있는지는 알아야 최단기간 안에 철거소송을 할 수 있습니다. 고민하고 있는 상황에서 전 토지주와 함께 나왔던 건축업자에게 전화가 왔습니다. 전 토지주가 있는 곳을 이야기해줍니다. 토지를 매각하려면 자기와 상의하면 된다고 연락이 왔습니다. 전 토지를 매입한다는 소리는 믿지 않았습니다. 만약 금액이 충분했으면 경매에 나오지도 않았고, 낙찰 후 바로 매입을 시도했을 테니까요.

이 통화로 전 토지주가 어디에 있는지 알았습니다. 바로 철거소송을 준비합니다. 법정지상권이 성립되지 않으니 이 건물은 철거해야 한다는 요지로 소송 자료를 준비합니다. 자료로 제출해야 될 것을 먼저 모읍니다. 소유권이 이전되었으니 당연히 등기사항증명서를 발급받습니다. 잔금을 납부했다고 매각대금완납증명서도 제출합니다. 이제 법정지상권이 성립되지 않는다는 증명으로 해당 시의 건축허가과를 찾아가서 그 지번에 있는 건축허가신고를 달라고 합니다.

건축허가신고는 2017년 10월 26일에 신청했습니다. 은행이 2017년 8월 30일 담보대출을 실행했기 때문에 이 현장은 법정지상권이 성립되지 않는다는 것을 알 수 있습니다. 건축허가신고필증도 자료로 제출합니다. 현황 사진, 구조물 도면 등을 증거자료로 제출해 2020년 4월부터 철거소송을 진행합니다. 전 소유자의 입지상 서류가 잘 도착해 2020년 11월에 철

※ 건축허가 신고

■ 건축법 시행규칙 [별지 제7호서식] <개정 2011.4.1>

건축 · 대수선 · 용도변경 신고필증

· 건축물의 용도/규모는 전체 건축물의 개요입니다.

건축구분		신고번호	2017-건축허가과-신축신고
	신축		(2017-5040056-)
건축주			
대지위치	경상북도 포항시 북구 청하면 상대리		
대지면적			595 ㎡
건축물명	청하면 상대리 단독주택	주용도 단독주택	
건축면적	99.54 ㎡	건폐율	16.73 %
연면적 합계	99.54 ㎡	용적률	16.73 %

동고유번호	동명칭 및 번호	연면적(㎡)	동고유번호	동명칭 및 번호	연면적(㎡)
1	주건축물제1동	99.54			

귀하께서 제출하신 건축물의 건축 · 대수선 · 용도변경신고서에 대하여 건축 · 대수선 · 용도변경신고
필증을 「건축법시행규칙」 제12조 및 제12조외2에 따라 교부합니다.

2017년 10월 26일

포항시 북구청장

210mm×297mm[보존용지(2종) 70g/㎡]

거판결이 선고되었습니다. 이제 철거를 위해 다시 한번 현장을 갑니다.

※ 매각한 토지 위 새로 생긴 건물

　소송을 하는 중에 매각한 토지 위에 깨끗한 건물이 생겼습니다. 제 토지 주변에 이런 좋은 건물이 생기면 토지주의 입장에서는 기분이 좋습니다. 이 땅의 쓰임새를 금방 설명할 수 있거든요. 바닷가가 잘 보이는 2층에 테라스를 크게 만든 게 인상적이었습니다. 집주인에게 축하한다고 덕담을 전합니다. 이제 제가 철거할 건물을 다시 한번 확인하고 2021년 봄에 철거계획을 잡았습니다. 만약 중간에 매각이 되면 바로 철거하기로 하고요.

Tip 경매로 매입 시 지목이 전, 답, 과수원인 토지는 농지취득자격증이 발급될까?

결론부터 이야기하면 발급됩니다. 지목이 전, 답, 과수원이면 실제 그 토지 위에는 경작물을 농사짓고 있어야 합니다. 하지만 불법 형질 변경, 불법 건축물, 건축허가신고 후 준공이 되지 못한 건축물이 있는 상태로 매물이 나올 때가 있습니다. 과연 이럴 때도 농지취득자격증이 발급이 되는지 의문을 제기하시는 분들이 많습니다. 현재 토지 상황이 농사를 짓고 있지 않으니 혹시나 담당 공무원이 농지취득자격증을 발급해주지 않으면 입찰보증금을 허공에 날릴 수 있지 않겠느냐는 것입니다.

농지취득자격증은 농지 낙찰 후 농사를 짓겠다고 농업경영계획서를 작성해 담당 공무원에 제출하면 됩니다. 그 이후 담당 공무원이 불법 형질 변경, 토지 위의 건축물 등으로 농지취득자격증 발급을 거절하면 '원상복구각서'를 제출하면 농지취득자격증이 발급됩니다.

제 지인 중 농지를 경매로 낙찰 후 농지취득자격증을 발급받지 못해 보증금을 잃어버릴 뻔한 일이 있었습니다. 경매로 나온 농지 위에 작은 주택 건물이 있었기 때문이었습니다. 지인은 담당 공무원을 찾아가 농업경영계획서를 제출했습니다.

담당 공무원 : "여기 주택 때문에 매입한 거 아닌가요? 농업경영계획서를 제출하면 주택을 철거해야 됩니다."

지인 : "어? 주택은 철거할 생각이 없는데요. 하지만 농지취득자격증은 발급해주세요."

담당 공무원 : "알겠습니다. 집에 돌아가 계세요."

지인은 당연히 농지취득자격증이 발급될 줄 알고 집으로 돌아왔습니다. 하지만 이틀 뒤 담당 부서에 전화하니 발급이 되지 않는다는 이야기를 들었습니다. 면사무소에 부랴부랴 뛰어가 담당 공무원을 만나 자초지종을 물으니 이틀 전에 이야기할 때 주택을 철거할 생각이 없다고 해서 발급을 해주지 않았다고 했습니다. 그 자리에서 건물을 철거하겠다는 원상복구각서를 제출하고 나서야 농지취득자격증을 발급받을 수 있었습니다. 농지취득자격증은 농사를 짓는 사람들에게 발급되는 증명서이기 때문에 농지를 매입하면 농사를 짓겠다고 강력하게 이야기하세요.

월급쟁이 부자 되기 프로젝트

Part 3

0원으로 아파트 투자하기

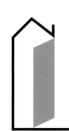

1
보물이 될
아파트 찾기

2020년 2월 말, 토지를 매각하고 다음 물건지를 검색하고 있었습니다. 이때 전 세계에서 가장 위험한 병이 창궐합니다. 중국에서 전염병이 발생해 우리나라에도 전염이 되기 시작했습니다. 감염속도가 빠르고 사람들이 항체가 없어 사망자도 많이 발생했습니다. 사회적 거리 두기로 인해 법원에서 3월 한 달을 휴정했습니다. 이 휴정 기간으로 인해 법원 경매의 감을 잃어버렸습니다. 이런 일이 있을지 몰랐는데 저에게 '슬럼프'가 찾아왔습니다.

4월은 법원에서 다시 경매를 시작해 유찰이 된 물건이 크게 없어 입찰하지 않았고, 5월부터 본격적으로 입찰을 다시 했습니다. 현장에 가서 조사를 열심히 했지만, 전혀 낙찰가격 근처에 가지 못했습니다. 말로만 듣던 슬럼프를 겪게 되니 정신이 없더군요. 하지만 마음을 다잡고 주말마다 임장 활동을 다시 시작합니다. 물건 5개 이상을 선택해 임장 가는 그날 하루에 다 돌아다녔습니다.

위의 사진은 몇 년 전 신도시를 건설하다가 경기 악화로 직격타를 맞은 도시입니다. 아파트 매물이 쏟아지기 시작했습니다. 입주가 8년 전부터 시작했고, 2016년 이후 하락장의 시작으로 매매가격이 1억 원 정도 하락했습니다. 남들이 잘 보지 않을 때 저는 임장을 갑니다.

사진에서와 마찬가지로 실제로 가보니 아파트 단지들이 쾌적합니다. 단지 주변이 산으로 둘러싸여 있어 공기도 맑고 아이들이 많이 보입니다. 주변 아파트들이 경매에 많이 나와 있지만, 수요가 있다고 판단해 입찰을 결정했습니다.

2
아파트
낙찰받기

부동산 경매를 하다 보면 유독 아파트에 입찰 인원이 많이 몰리는 것을 알 수 있습니다. 왜 유독 아파트에만 인원이 많이 몰릴까요? 아파트는 다른 부동산보다 장점이 뚜렷하다고 생각하기 때문입니다.

우선 다른 부동산보다 가격 파악이 쉽습니다. 아파트는 집단성이 뚜렷해 내 옆집의 시세가 1억 원이면 그 가격에서 크게 벗어날 수 없습니다. 인근 부동산 중개사무소만 가도 아파트 가격이 얼마고 전세, 월세 가격도 파악이 쉽습니다. 이 말은 다른 부동산을 조사할 때보다 발품이 덜 들어간다는 것입니다. 토지와 상가를 조사할 때는 아파트보다 발품이 훨씬 많이 들어갑니다.

예를 들어 상가를 조사하면, 주변 상가 임대료를 조사하는 것은 물론이고, 상가의 고객 집객력도 살펴야 합니다. 한때 유흥주점을 조사한 적이 있는데, 평일이고 주말이고 밤에 고객이 얼마만큼 들어가는지, 들어가는 고객 연령별, 성별 등을 며칠간 조사하고 도저히 임대료가 맞춰질 것 같지 않다는 결론에 입찰을 포기한 적도 있습니다. 다른 분이 입찰을 해 낙찰을 받았지만, 몇 달간 간판에 불이 켜지지 않고 공실이 나기 시작했습니다. 상가는 조사가 불성실하면 바로 공실 리스크로 다가옵니다. 여기서 아파트의 또 다른 장점이 있습니다. 바로 환금성입니다.

상가는 앞서 이야기했듯 실패하면 공실이 발생해 관리비, 대출 이자에 허덕이게 됩니다. 하지만 아파트의 경우에는 하락장에 매입해도 시세보다 저렴하게 내놓으면 매각할 수 있습니다. 하락장에 매각할 수 있으면 보합장이나 상승장에는 매각하기가 더 쉽다는 것입니다. 즉 아파트는 바로 채권인 돈으로 바꾸기가 편합니다. 이 환금성이 아파트의 가장 큰 장점입니다.

이번 슬럼프를 벗어나고, 또 자신감 회복을 위해 아파트 입찰에 들어갔습니다. 6월의 경매장은 사람들로 북적거렸습니다. 경매 법원이 1개월가량 휴정하니 밀린 사건이 다음 사건과 같은 날짜에 진행했습니다. 밖은 전염병으로 사람들을 보기 힘든데, 법정은 사람들로 꽉 찼습니다. 날씨도 덥고 전염병 때문에 힘들 텐데 그 열기가 대단했습니다. 저도 몇 번의 패찰 끝에 낙찰을 받았습니다.

※ 낙찰받은 아파트

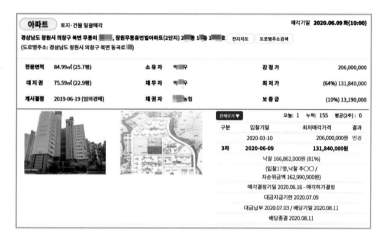

2번의 유찰로 이 물건에 17명이나 입찰했습니다. 낙찰가는 166,862,000원입니다. 2등 입찰가랑 400만 원 차이가 나네요. 나쁘지 않게 받은 것 같습니다. 낙찰자가 주○○라고 나오는 것은 법인으로 입찰했다는 것입니다.

정부에서 개인 명의로 주택 매입하는 것을 여러 방면으로 규제하자 개인들이 1인 법인을 많이 만들었습니다. 아무래도 주택 대출 부분이 개인보다 자유롭기 때문에 많은 주택 투자자들이 법인을 만드는 방향밖에 없었습니다.

이제 낙찰을 받았으니 소유자의 정보나 임차인의 정보를 알
아봐야 합니다. 낙찰받은 물건지와 법원까지 거리가 있어 일
단 점심을 먹고, 법원에서 최대한 정보를 조합해서 움직이기
로 결정했습니다. 법원 경매계로 다시 돌아가 최고가매수인
열람 및 복사 신청 제출을 신청합니다. 정보가 나오기를 기대
하며 열심히 뒤져봅니다. 소유자에 대한 정보는 크게 찾을 만
한 게 없었습니다. 대신 운이 좋게 임차인의 정보를 찾게 되
었습니다.

※ 임차인 정보

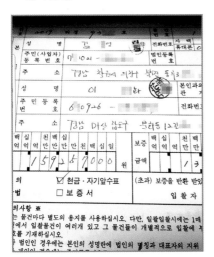

어디서 많이 본 이름이
있어 자세히 보니 주소가
입찰한 아파트의 주소였
습니다. 순간적으로 '아, 이
분이 임차인이시구나' 하는
느낌이 왔습니다. 작성한 입
찰표를 열람하고 확실한 명
도계획을 위해 일단 집으로
돌아왔습니다.

3
아파트
명도계획 잡기

법원 경매 정보지를 보고 일단 매각허가결정기일까지는 임차인과 연락을 취하지 않았습니다. 매각허가결정기일은 1주일 정도 소요됩니다. 1주일의 매각허가결정을 기다리면서 정부에서 법인이 주택을 매입하지 못하도록 6·17 부동산 대책을 발표합니다. 법인이 주택을 매입하면 종합부동산세를 최고세율로 매기고, 취득세, 등록세도 중과하겠다고 발표했습니다.

보면서 큰 염려는 안 했습니다. 법인으로 매입하는 것은 주택 말고 다른 부동산을 하면 됩니다. 일단 매입한 주택을 매각 처리할 생각이었는데, 더 강하게 매각 의지가 불타올랐습니다. 그러기 위해서는 임차인 명도를 빨리 해야 했습니다.

※ 경매 정보지의 임차인 현황

임차인현황						· 말소기준권리: 2016.03.21 · 배당요구종기: 2019.09.10	
임차인	점유부분	전입/확정/배당	보증금/차임	대항력	배당예상금액	기타
김■영	주거용 전부	전입일자 : 2017.08.03 확정일자 : 미상 배당요구 : 없음	무	없음	배당금 없음	점유자
기타사항	☞기타점유 ☞주민등록본사의 등재자 김■영은 소유자의 조카로서 별도의 임대차관계없이 점유사용하고있다고하나 점유자로 보고함 ☞김■영:김■영은 채무자겸소유자의 조카로 별도의 임대차관계 없이 점유사용 중으로 현황조사보고됨.						

기타사항을 보니 '임차인은 소유자의 조카로 별도의 임대차 관계 없이 점유 사용하고 있다'에 주목을 했습니다. 이 글 자체에서 명도가 쉽지 않을 거라는 것을 예감했습니다. 잔금기일까지는 시간이 있으니 크게 압박을 하지 않았습니다. 그래도 만나볼 필요는 있었습니다. 연락처는 이미 알고 있으니 연락을 취하고 집에 찾아갔습니다. 집으로 찾아가니 임차인과 임차인의 어머님이 있었습니다.

"안녕하세요!"
"아, 그 법인 회사에서 낙찰받으신 분이군요."
"몇 가지 알려드릴 사항이 있어서 찾아왔습니다."
"네, 어떤 것인가요?"
"이 부동산 물건은 이제 법인에서 낙찰을 받아 소유권이전을 하면, 법인 소유의 사택이 되니 3주 안에 이사를 나가셔야 합니다. 어떻게 하시겠습니까?"

임차인은 시큰둥한 표정을 지었습니다. 저도 별로 기대는 하지 않아 그날은 철수했습니다.

잔금기일은 낙찰 후 매각허가결정기일까지 합해 45일을 줍니다. 매각기일 이후 약 한 달 정도 생각하면 됩니다. 하지만 저는 임차인이든, 전 소유자든 잔금기일 날짜 전에 이사 일정을 잡으라고 말합니다. 그러면 그들은 크게 두 부류로 나눕니다. 이사 일정을 알아보면서 이사비를 협상하려는 사람과 '그냥 난 모르겠다. 알아서 해라'라는 사람으로 나눕니다. 사실 첫 번째 부류가 대하기가 편합니다. 첫 번째 부류는 자기가 이사를 가야 된다고 이미 생각하고 있어서 이사비를 상황에 맞게 조율해 이사를 내보낼 수 있습니다. 사실 법적 용어로 이사비라는 단어는 없으므로 법적 용어로 대응하면 쉽게 명도가 가능합니다. 문제는 두 번째 부류입니다. 이야기해도 귓등으로 듣기 십상이고, 그냥 이사 안 가려고 아무 소리나 이야기합니다. 대화가 자체가 안 되니 명도가 어려워집니다.

임차인에게 3주간의 시간을 주며 이야기해본 결과, 그는 두 번째 부류였습니다. 명도가 어려워질 것 같은 임차인은 시간을 지체하기보다는 폭풍처럼 몰아쳐 압박을 가해야 명도가 쉬워집니다. 일단 3주 뒤 소유권이전을 합니다. 소유권이전을 하면서 인도명령을 신청합니다.

경매에서 인도명령 신청은 정말 유용하게 작용합니다. 공매는 인도명령제도가 없어 협의가 안 되면 명도소송을 준비해야 하는데, 비용 부분도 문제가 되지만 시간이 많이 걸립니다. 인도명령신청 후 집행문까지 통상 한 달 이내에 받을 수가 있습니다. 소유권이전을 했으니 이제 임차인을 압박해야 합니다.

- 법인으로 소유권이전이 되었습니다.
- 법인과 협의가 되지 않을 시 매달 감정가에 1%로 월세를 지불해야 합니다.
- 3주 안에 이사를 나가지 않으면 모든 소송비와 강제집행비용을 지불해야 합니다

이렇게 관련 내용을 문자도 보내고, 내용증명도 보냈습니다. 그러자 임차인에게서 전화가 왔습니다.

"안녕하세요. 선생님."
"왜 이런 문자를 자꾸 보내시나요?"
"이제 저희 법인이 소유권이전을 했으니 선생님이 이사를 가주셔야 합니다."
"아니, 나랑 계약을 했어요? 왜 나가라고 하나요?"
"선생님이 저희랑 계약 진행하셔야지요? 선생님은 현재 아무런 권원이 없는 상태입니다. 등기부를 보시면 소유권은 저

희에게 있습니다."

임차인은 막무가내로 나오기 시작했습니다. 본인이랑 계약도 하지 않았는데 나가라고 한다면서 이사 갈 집을 찾아야 나가지 않느냐고 했다가 또 기다리라고 하는 등 대화가 되지 않았습니다.

2020년 7월 3일에 소유권이전 후 바로 인도명령이 법원에서 결정이 났습니다. 통상 2주 정도 소요되는데, 신청한 날 바로 결정이 되어 조금 놀랐습니다. 그다음 중요한 것은 인도명령결정이 되었다고 임차인한테 송달이 되어야 합니다. 송달이 되지 않으면 어쩌지 하는 염려는 되었지만, 기다리는 수밖에 없었습니다.

법원에서 7월 6일 결정정본을 송달했고, 임차인이 이틀 뒤 우편물을 받았습니다. 아마 다른 물품인지 알고 받았을 가능성이 큽니다. 시간을 더 주지 않고 최대한 빨리 강제집행문을 신청하러 달려갔습니다. 법원 경매계에 사건번호를 불러주고 송달증명원, 집행문을 발급받았습니다. 발급받은 문서를 들고 집행관 사무실에서 강제집행신청서를 작성하고 집행비용을 예납했습니다.

※ 집행문 발급

집 행 문

사　　　건 : 창원지방법원　2020타인■■ 부동산인도명령

이 정본은 피신청인 김■영(771021-■■■■■■■)에 대한 강제집행을 실시하기
위하여 최고가매수신고인 주식회사 ■■개발에게 내어 준다.

2020.　7. 10.

창원지방법원

법원주사보　　　유　■　형

◇ 유 의 사 항 ◇

1. 이 집행문은 판결(결정)정본과 분리하여서는 사용할 수 없습니다.
2. 집행문을 분실하여 다시 집행문을 신청한 때에는 재판장(사법보좌관)의 명령이 있어야만 이를 내어줍니다
   (민사집행법 제35조 제1항, 법원조직법 제54조 제2항). 이 경우 분실사유의 소명이 필요하고 비용이 소요
   되니 유의하시기 바랍니다.
3. 집행문을 사용한 후 다시 집행문을 신청한 때에는 재판장(사법보좌관)의 명령이 있어야만 이를 내어줍니
   다(민사집행법 제35조 제1항, 법원조직법 제54조 제2항). 이 경우 집행권원에 대한 사용증명원이 필요하고
   비용이 소요되니 유의하시기 바랍니다.
4. 집행권원에 채권자·채무자의 주민등록번호등(주민등록번호가 없는 사람의 경우에는 여권번호 또는 등록번호,
   법인 또는 법인 아닌 사단이나 재단의 경우에는 사업자등록번호·납세번호 또는 고유번호를 말함. 이하
   '주민등록번호등'이라 함)가 적혀 있지 않은 경우에는 채권자·채무자의 주민등록번호등을 기재합니다.

　　강제집행을 신청하면 며칠 안에 법원에서 전화가 옵니다.
법원에서 강제집행을 하기 전 집행하는 부동산에 찾아가서 계
고장을 붙여야 합니다. 정확한 문서의 명칭은 부동산 인도 강

제집행 예고입니다. 내용은 "몇 년도 몇 월 몇 일까지 짐을 빼 달라거나 아니면 강제로 법원에서 집행하겠다. 그리고 그 비용 또한 부담하게 된다"라는 내용입니다. 이제 이런 행위들을 해야 되니 날짜와 시간을 이야기해줍니다. 참고인 2명을 데리고 오라고도 이야기합니다. 집행관들과 2020년 7월 22일 오후에 해당 부동산 앞에서 만나기로 했습니다. 법원에서는 집행관 3분과 열쇠수리공 1분, 낙찰자 쪽은 낙찰자와 그 외 지인 2명이 그 아파트 입구 앞 통로에서 만났습니다. 가볍게 안부인사를 하고 집행관 쪽에서 물어봅니다.

"집에 사람이 있던가요?"
"초인종을 눌러도 대답이 없네요. 있는 거 같기도 하고 잘 모르겠네요."

집행관들이 초인종을 눌렀습니다. 몇 번을 눌러도 대답이 없었습니다. 열쇠수리공과 이야기를 나누더니 문을 강제로 개문하자고 합니다. 집을 강제 개문하기 위해 열쇠수리공 기술자분이 문 앞에서 장비를 꺼냅니다. 개문을 위해 기술자분이 현란한 솜씨로 문을 막 건듭니다. 현관문 자물쇠가 좋은지 안 열립니다. 한 번 더 현란한 솜씨를 발휘하십니다. 그래도 못 엽니다. 그리고 나서 이 문은 신형 모델이라 못 열겠다고 합니다. 순간적으로 멍합니다.

'기술자라는 분이 못 열면 어떻게 하자는 거지?'

하지만 해결을 해야 합니다. 기술자분에게 어떻게 하면 되냐고 물어보니 다른 열쇠수리공 기술자분의 전화를 줍니다. 도어락 모델 사진을 찍어서 이 기술자분에게 물어보라고 합니다. 그분에게 전화를 거니 열 수 있는 모델이라고 합니다. 하지만 집행관들은 오늘은 계고를 못 하니 다음에 시간을 잡자고 합니다. 힘이 쫙 빠집니다.

집행관들과 열쇠수리공 가술자는 그냥 가버렸습니다. 하지만 저는 그냥 이대로 갈 수 없었습니다. 문 앞에 집행문을 붙이고 왔습니다.

※ 집행문 현관에 계고한 모습

다시 집으로 올 때 기분이 좋지 않았습니다. 열쇠수리공 기술자가 개문을 못하는 것은 처음 봤습니다. 그날 저녁, 임차인한테 전화가 왔습니다.

"오늘 혹시 법원 사람들과 문을 열려고 하셨나요?"

"네, 선생님께서 이사 일정도 잡지 않고 사용하시는데, 월세도 내지 않아 강제집행을 하려고 합니다."

"아니, 다른 사람들은 이사비도 주고, 일정도 길게 잡아주고 그런다는데…."

"그런 부분은 소유권이전 전에 저희와 선생님이 이야기를 했어야 하는 부분입니다."

"그래도 그렇지…."

임차인의 기운이 많이 빠진 것을 전화로 확인할 수 있었습니다. 아마 개문을 할 때 안에 같이 거주하시던 노모가 있었나 봅니다. 이에 쐐기를 박았습니다.

"곧 강제집행할 겁니다. 선생님 계획은 어떻게 되시나요?"

"나도 사실 이사 갈 집을 낙찰받았습니다. 그러지 말고 시간을 좀 주시면 안 되겠습니까?"

"그러면 최고가낙찰인을 확인할 수 있는 서류를 문자로 보내주세요."

통화를 종료하고 임차인이 중요 부분을 지우고, 대금지급기한통지서를 보냅니다. 낙찰 후 잔금을 내라는 법원에서 보내는 통지서입니다. 6월부터 7월까지 아파트 입찰 현황을 확인해봅니다. 우리가 낙찰을 받고 3일 뒤 임차인이 다른 아파트를 낙찰받았습니다. 이제 임차인이 어디로 이사 가는지 알아냈습니다. 임차인이 원하는 것을 알게 되었으니 다시 협상 테이블에 올립니다.

"선생님도 이사를 하려면 그 집을 명도해야 하니 8월 말까지 시간을 드리면 될까요?"
"알겠습니다. 최대한 빨리 명도를 하고 이사 가도록 하겠습니다."
"제가 시간을 드리는 대신 사용한 관리비는 정산해주시고, 부동산 중개사무소에서 집을 보러 오면 문 좀 열어주세요."
"네, 알겠습니다."

이렇게 협상이 완료되었습니다. 임차인에게 협상을 위한 이사비용 대신 두 달의 시간을 주고 우린 두 달 동안 담보대출 은행이자를 지급하는 것으로 마무리가 되었습니다. 8월 중순쯤에 문자가 옵니다. 8월 27일 이사를 나간다고 합니다. 다시한번 이사 나갈 때 관리비 정산을 부탁하고 집 비밀번호를 문자로 남겨달라고 부탁합니다. 임차인은 일정이 변경되었는지

8월 24일에 이사를 하고 그다음 날 문자를 보냅니다. 관리비 정산내역서와 현관 비밀번호를 남기고, 디지털 도어락은 자기가 개인적으로 달았으니 가져간다고 말합니다. 열쇠수리공도 못 연 도어락이니 가져갈 만하다고 생각했습니다.

※ 현관 도어락

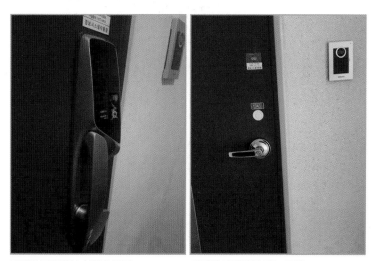

디지털 도어락이 설치된 도어   디지털 도어락이 없는 도어

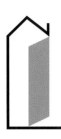

4
아파트를 매도해
원금과 수익 회수하기

속 썩이던 임차인을 명도했습니다. 먼저 도어락을 떼어갔으니 근처 열쇠집에 전화해 디지털 도어락을 달았습니다. 도어락을 달고 나서야 집에 입성했습니다.

※ 아파트 내부 사진

아파트 내부가 넓고 깨끗합니다. 다음은 외부 전경 사진입니다.

※ 아파트 외부 전경

아파트 외부가 탁 트이고, 전망이 마음에 들었습니다. 바로 앞이 초등학교인데, 찻길을 건너지 않고 안전하게 갈 수 있습니다. 요즘 흔히 말하는 초품아(초등학교를 품은 아파트)입니다.

이제 인근 부동산 중개사무소에 물건을 공개해야 합니다. 빠르게 매각하기 위해서는 여러 부동산 중개사무소 사장님의 힘이 필요합니다. 매각을 위해 약 20군데 부동산에 전화를 합니다. 현장 사진은 문자로 다 보내고, 이 집의 장점을 부각시켜 이야기합니다. 노력이 통했는지 3주 뒤 계약을 하자고 연락이 옵니다. 바로 앞 아파트 25평에 거주하는 신혼부부가 집을 넓히기 위해서 매입을 합니다. 매매가격은 1억 8,500만 원에 계약하고, 잔금은 10월 14일에 지불하기로 합니다. 깨끗한 아파트라서 매매는 별 탈 없이 진행되었습니다. 이제 수익을 한번 계산해보겠습니다. 수익은 표로 만들어놓으면 한눈에 보기가 편합니다.

※ 부동산 수익계산표

구분	금액	비고
낙찰가격	166,862,000원	
담보대출(80%)	133,000,000원	담보대출
낙찰가격 담보대출 외 비용	33,362,000원	신용대출
취등록세 및 채권할인 등	2,090,380원	
취득 시 법무비용	300,000원	
담보대출이자(3개월) 및 중도상환수수료	1,160,280원	
중개수수료	800,000원	
매각 시 법무비용	33,500원	
신용대출 합계	37,746,160원	
매매가격	185,000,000원	
총수익(매매가격-대출)	14,253,840원	

신용대출의 합계가 37,746,160원이 나왔습니다. 1인당 들어간 신용대출은 12,582,060원입니다. 1인당 들어갔던 신용대출 이자는 10만 원 이하였고, 이 비용도 신용대출로 사용할 수 있는 비용입니다. 결국 모두 은행 돈을 이용해 세전으로 1,400만 원 이상의 수익을 낸 것입니다. 빠르게 돈을 회수하려 했지만, 세입자의 명도가 계획보다는 좀 더 걸려 수익까지 4개월이 걸렸습니다.

1. 경매의 경우 낙찰 후 담당 경매계에 최고가매수인 열람 및 복사 신청을 제출해서 관련 서류를 검토합니다. 공매의 경우, 공매를 진행한 기관에 직접 물어봅니다.

2. 해당 부동산을 방문해서 현관문에 포스트잇으로 연락처를 남겨놓고 점유자에게 연락이 오길 기다립니다.

   ex) '낙찰자 OOO입니다. 010─○○○○─○○○○으로 연락 바랍니다.'

3. 해당 부동산의 관리실에 방문해서 낙찰자라고 신분을 밝히고, 점유자에게 '낙찰자에게 전화번호를 알려줘도 되는지?' 연락을 부탁드린다고 전하고 연락처를 남겨놓습니다.

4. 낙찰받은 물건이 주택인 경우 이웃집을 방문합니다. 촌집인 경우 이웃집 또는 마을회관에 방문하면 쉽게 알 수 있습니다.

5. 경매계 서류 열람을 통해 가끔 점유자가 일했던 장소를 알아낼 수 있습니다. 일했던 장소에 직접 방문해서 연락처를 알아냅니다.

월급쟁이 부자 되기 프로젝트

월급쟁이 부자 되기 프로젝트

Part 4

0원으로
상가 투자하기

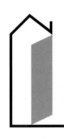

1
보물이 될
상가 찾기

아파트가 명도에 대한 가닥이 잡혀가면서 다른 부동산을 매입하기 위해 임장 활동을 시작했습니다. 법인으로 더 이상 아파트 매입이 되지 않으니 상가와 토지로 시선이 쏠릴 수밖에 없었습니다. 법인이 운영되려면 매달 고정수익이 나와줘야 합니다. 고정수익은 토지보다 상가에서 가져오기 편합니다. 토지에 대한 임대료는 연으로 계산해도 얼마 되지 않습니다. 토지에 대한 임대료는 토지 담보물 은행이자보다 적을 때가 많습니다.

하지만 상가는 임차인에게 월 임대료를 받으면 담보물 은행이자를 납부하고도 남습니다. 이 고정수익을 이용해 법인 운영에 필요한 세무사 기장료를 납부하고, 필요 부대비용을 이용하기로 했습니다. 경매 정보지에서 물건을 검색하고 상가임장을 갔습니다.

※ 임장 활동 사진

　전염병으로 인해 여느 때보다 많은 상가들이 전국적으로 경매에 나오기 시작했습니다. 보통은 소유자가 빚을 갚지 못해 경매에 나옵니다. 하지만 상가 경매는 약간 다른 방향으로 흘러갈 때도 있습니다. 임차인이 월 임대료를 내지 못해 상가 주인들이 버티다가 나오기도 합니다.

　어떨 때는 상가의 오랜 공실로 인해 상가 주인이 현 임차금액보다 큰 금액으로 신고하고 일부러 경매에 내보낼 때도 있습니다. 경매에 내보낸 상가가 높은 금액에 낙찰받기를 원해 임차금액을 높인 것입니다. 상가 수익은 임차금액에 있을 수밖에 없습니다. 매매금액도 임차금액에 좌지우지됩니다.

상가는 개별적 부분이 많아 잘못 매입하면 손실은 이루 말할 수 없습니다. 아파트의 경우는 시세보다 조금 저렴하게 매각하면 큰 어려움 없이 매각 가능하지만, 상가는 임대차가 없는 공실 상태에서는 팔기가 너무 힘듭니다. 임차인이 없는 상가는 아무리 시세를 내려도 매각이 되지 않습니다. 매각을 하지 못하면 은행 이자뿐만 아니라, 상가 주인이 상가 관리비까지 내야 하는 이중고를 겪습니다.

하지만 이것은 최악의 경우가 아닙니다. 상가 주인이 공실의 아픔을 이기지 못해 자기가 직접 장사를 진행합니다. 이때 장사가 잘되어 그동안의 손실을 메우면 다행이지만, 그 반대의 경우가 발생하면 삼중고가 아닌 사중고, 오중고가 발생합니다. 상가에 대한 은행 이자와 관리비는 기본이고, 장사를 하기 위해 들어간 상가 인테리어비, 장사가 되지 않는 상가를 열 때마다 들어가는 나의 시간과 인건비 등의 사중고가 발생합니다. 여기서 만약 나의 인건비 말고 가족의 시간까지 뺏으면 정말 답이 나오지 않는 상황이 옵니다.

상가는 이렇게 위험한 부분이 있지만, 다들 월 임대료가 잘 나오는 상가를 가지고 싶어 합니다. 월 임대료가 잘 나오는 상가는 임대인이 신경 쓰지 않아도 월세가 꼬박꼬박 내 통장에 쌓이기 때문입니다. 주거용 부동산을 임차인에게 월세를 주면 보일러가 고장이 나거나 화장실 누수 등 주거용 부동산에 문제가 발생하면 임대인이 고쳐줘야 하지만, 상가는 임차인이 장사해서 삶을 영위해 나아가야 하므로 임대인에게 연락해서 기다리기보다는 직접 고칩니다.

또한 주거용 부동산은 임차인이 1~2년 정도 살다가 이사 간다고 하면, 다시 임차인을 맞춰야 합니다. 상가는 임차인이 장사가 잘되면 10년이고, 20년이고 나가고 싶어 하지 않습니다. 만약 손바뀜이 일어나더라도 임차인이 권리금을 받기 위해 자기가 직접 임차인을 맞추고 나갑니다. 이런 장점 때문에 많은 이들이 월 임대료가 잘 들어오는 좋은 상가를 가지고 싶어 합니다. 이제 그 좋은 상가를 낙찰받으러 가도록 하겠습니다.

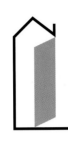

2
상가
낙찰받기

좋은 상가를 찾기 위해 전국을 여름부터 훑기 시작했습니다. 마음에 드는 상가가 여러 개 나왔습니다. 아파트 매매 계약을 하지 못해서 소극적으로 입찰을 할 수밖에 없었습니다. 몇 번의 기회가 왔지만, 자금 문제로 낙찰가격과 멀어졌습니다.

9월 아파트 매매계약이 되자 자금이 해결되었습니다. 마침 좋은 상가가 경매에 많이 나오기도 했습니다. 현장 답사 전에 기본 유효수요를 분석해보고, 일단 임장 갈 곳을 네이버 지도로 확인했습니다.

다음 페이지 지도 안의 빨간색 동그라미가 현장 답사를 해야 할 위치입니다. 위쪽으로 1,822세대, 밑으로는 1,264세대와 684세대의 대단지 아파트가 있습니다. 총 3,770세대 안의 항아리상권을 형성하고 있는 구분상가가 경매에 나왔습니다.

　위치도의 제일 밑에 초등학교가 있어서 1,822세대의 자녀가 학교에 가기 위해서는 경매 물건으로 나온 구분상가를 지나쳐서 갈 수밖에 없습니다. 아래에 형성되어 있는 아파트 단지에 있는 거주하는 사람들도 뭔가를 구매하기 위해 경매 물건으로 나온 구분상가 근처까지 옵니다. 물론 경매 물건 위에 거주하는 사람들도 이 근방에서 구매를 합니다.

　지도로 기본 집객율을 알아봤으니 직접 현장으로 나갈 차례입니다. 왜냐하면 집객율이 물건지 중심으로 우측과 좌측으로 퍼지는지 확인해봐야 합니다.

※ 임장 활동 사진

　현장에 나가니 알 수 있는 상황이 많아졌습니다. 지도로는 오르막길과 내리막길을 알 수가 없습니다. 또한 지도상으로는 좌우 지형을 제대로 파악할 수 없었지만, 현장에 나와 보니 지도상 좌측부터 우측까지 경사가 있는 오르막길로 되어 있습니다.

　오르막길은 평지보다 집객율이 떨어질 수밖에 없습니다. 다행히 경매 물건은 평지의 사거리 코너에 위치했습니다. 이제 경매에 나온 물건을 하나씩 확인합니다.

※ 경매 정보지 나온 상가목록

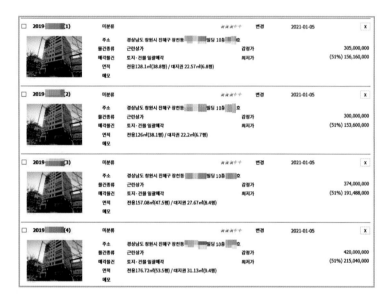

같은 건물에 층이 다른 구분상가 많이 나왔습니다. 감정가도 제각각이며, 월 임대료도 다 다릅니다. 1층은 작은 평수로 나뉘어 있는데, 보기에도 그냥 임대료와 매매가격이 비싸보입니다. 공실이 없는 것을 보니 임대료는 잘 나오는 모양입니다.

한 번에 10개의 물건이 나와 있으니 호수별로 하나하나 살펴보기 시작합니다. 공실로 나와 있는 상가가 7개소, 임차를 하고 있는 상가가 3개소로 나뉘어 있었습니다. 10층은 다 공실이었는데, 앞에 도로가 4차선이기 때문에 10층까지는 밑에서 봤을 때 가시성이 나오기 힘듭니다. 10층은 사용하는 사람들이 이 상가를 이용할 수밖에 없는 목적성이 강한 품목이 임차로 들어와야 공실이 발생하지 않고 임대를 놓을 수가 있습니다.

공실로 나와 있는 대부분의 상가가 가시성이 나오지 않았습니다. 가시성이 나오는 상가는 상가 미납관리비가 많아 낙찰 후에도 낙찰자가 미납관리비 공용부분을 지불해야 하기 때문에 선뜻 선택하기 힘들어 보였습니다. 현재 경매에 나와 임차를 하는 상가가 3개소나 나왔습니다. 딱 마음에 드는 상가가 하나 있네요.

※ 임차 중인 상가 사진

밖에서 살펴봐도 인테리어가 깔끔하게 되어 있습니다. 살짝 안을 들여다 보니 안은 시설이 더 잘되어 있습니다. 25명의 초등학생들이 태권도 선생님의 이야기를 열심히 듣고 있습니다. 이제 안에 들어가서 학생들이 얼마나 오는지 알아봐야 합니다.

"안녕하세요. 선생님 상담을 좀 받고 싶습니다."

"네, 안녕하세요. 상담실이 옆인데 이쪽으로 들어오시죠."

작은 상담실도 따로 있습니다. 공간이 작았지만 상담을 하는 데 무리가 없어 보이고, 아이들이 활동하는 게 잘 보일 만큼 유리창도 크게 설치되어 있습니다. 이번에 이사를 와서 아들을 태권도 학원에 보내고 싶다고 이야기했습니다. 학원비와 시간대를 언제 보낼 수 있는지 자연스레 물어봤습니다.

"원비는 11만 원입니다. 시간은 나이대별로 나뉘어 있고요. 7타임 중 앞 시간에 저학년 친구들이 옵니다."

"7타임 전부 이 정도 인원이 되나요?"

"조금 더 많은 인원이 올 때도 있고, 적은 인원이 올 때도 있습니다."

"적은 인원이 오는 시간대는 20명 정도 수업을 하나요?"

"네, 20명 이상은 오고 있습니다."

이제 학원에서 알아보고 싶은 내용은 다 들었습니다. 선생님에게 인사를 하고 자리에서 나왔습니다. 수업시간에 적은 인원이 올 때는 20명, 많은 인원이 올 때는 25명 정도로 잡고, 매출액을 대략 계산해봤습니다. 보수적으로 잡아 하루 7타임에 150명이 온다고 계산하니 한 달 매출액이 1,650만 원입니다.

이제 임대료를 알아봐야 합니다. 현장에서 임대료를 조사할 시 물건이 이렇게 한번에 많이 나온 상가는 부정적으로 많이 이야기합니다. 약간 걸러 들을 필요가 있습니다. 마침 앞에 공실 상가가 있습니다. 가시성은 현 상가보다 떨어져 보입니다. 공실 상가에는 현수막이 붙어 있습니다. 현수막에 붙어 있는 중개사무소에 전화했습니다. 체육시설을 할 수 있는 상가를 원한다고 하고, 광고하고 있는 상가 면적을 물어봤습니다. 현 태권도 상가의 면적과 비슷합니다.

임대료를 물어보니 보증금 5,000만 원에 월세가 150만 원이라고 했습니다. 좀 저렴하게 할 수 없냐고 물어보니 조금은 조정이 가능하다고 이야기했습니다. 주변을 좀 더 둘러보니 가시성이 나오는 상가는 현재 대부분 임차를 하고 있습니다. 열심히 돌아다녔더니 목이 말랐습니다. 물건 인근 상가 커피숍에 들어가 음료를 주문하면서 이것저것 물어봅니다.

커피숍 사장님이 방어적이라 정보를 크게 알아내지는 못했지만, 인근 상가보다 현 위치의 상가가 임대료가 비싸다는 것은 알 수 있었습니다. 집으로 돌아와서 네이버 부동산, 벨류맵, 디스코 등 사이트를 이용해 임대료를 조사했습니다.

현재 임대료는 소유자가 다른 부분 공실로 인해 월 임대료를 시세보다 저렴하게 받아 임차인을 빨리 받은 것으로 조사되었고, 경매로 나온 상가보다 입지가 조금 떨어진 평수 비슷한 상가가 보증금 5,000만 원에 월세가 210만 원으로 조사가 되었습니다. 이제 조사가 다 되었으니 입찰을 해야 합니다.

※ 낙찰받은 상가

근린상가	토지·건물 일괄매각				매각기일 **2020.10.07 수(10:00)**
경상남도 창원시 진해구 장천동 ___ 외 2필지, ___빌딩 4층 ___호		전자지도	도로명주소검색		
(도로명주소: 경상남도 창원시 진해구 충장로 ___번길 ___)					

전용면적	176.72㎡ (53.5평)	소유자	장 ___ 아외 4명	감정가	496,000,000
대지권	31.13㎡ (9.4평)	채무자	강 ___ 액(개명전:강 ___ 묵)	최저가	(80%) 396,800,000
개시결정	2020-01-21 (임의경매)	채권자	___농협	보증금	(10%) 39,680,000

오늘: 1 누적: 247 평균(2주): 1

구분	입찰기일	최저매각가격	결과
1차	2020-09-09	496,000,000원	유찰
2차	**2020-10-07**	**396,800,000원**	

낙찰 397,100,000원 (80.06%)

(입찰1명,낙찰 주○○)

매각결정기일 2020.10.14 - 매각허가결정

대금지급기한 2020.11.17

대금납부 2020.11.17 / 배당기일 2020.12.16

배당종결 2020.12.16

인근에 경매로 나온 상가들이 많다 보니 1회 유찰이 되었어도 조회 수가 적습니다. 단독 낙찰을 노리고 입찰에 들어갔습니다. 혹시 최저가에 들어오는 인원이 있을 수도 있으니 최저가에서 32만 원을 올려 적어 낙찰을 받았습니다.

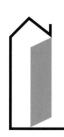

3
상가
명도계획 잡기

    태권도 상가를 낙찰받고 임차인이 먼저 연락을 취할 테니 찾아가기보다는 기다리기로 했습니다. 임차인에게 연락이 오지 않으면 매각허가결정일에 찾아가기로 계획을 했습니다.

    임차인은 낙찰자에게 연락을 취할 수밖에 없습니다. 임차인의 보증금 5,000만 원은 은행 근저당보다 선순위입니다. 배당을 받는다고 배당요구 신청을 해서 낙찰자가 전세권을 인수할 필요가 없습니다. 낙찰자가 소유권이전을 위해 잔금을 다 납부하면 법원에서 100% 배당을 받을 수 있기 때문입니다. 대신 낙찰자와 협의를 통해 낙찰자의 명도확인서와 인감증명서를 받아야 합니다. 받은 서류를 법원에 납부해야 임차인 보증금 5,000만 원을 법원에서 배당받을 수 있습니다.

※ 등기부 현황

No	접수	권리종류	권리자	채권금액	비고	소멸
					(채권액합계 : 1,290,200,000원)	
1(갑1)	2016.11.30	소유권보존	공동■, 강시■		각 1/2	
2(을2)	2016.12.12	전세권(전부)	박재■	50,000,000원	말소기준등기 존속기간: 2016.11.20~2018.11.19	소멸
3(을4)	2017.07.07	근저당	■■농협	286,000,000원		소멸
4(갑3)	2017.10.11	강정■지분압류	■■세무서			소멸
5(갑4)	2017.11.20	공동표지분압류	■■세무서			소멸
6(갑6)	2018.02.08	가압류	(주)■종합건설	754,200,000원	2018카합■	소멸
7(갑7)	2019.01.16	공동표지분가압류	박영■	200,000,000원	2019카단10■	소멸
8(갑3)	2019.07.11	공매공고	■■세무서		공매공고(한국자산관리공 사2019-06379-■■	소멸
9(갑8)	2019.07.15	강정■지분압류	국민건강보험공단			소멸
10(갑9)	2019.12.05	강정■지분압류	■■구청장			소멸
11(갑10)	2020.01.03	공동표지분전부이전	장영■ 리3		상속,장영■ 3/18,공현■, 공유■,공민■ 각 2/18	소멸
12(갑11)	2020.01.21	임의경매	■■농협	청구금액: 198,791,448원	2019타경112■	소멸
13(갑12)	2020.03.06	장영■지분압류	■■세무서장			소멸
14(갑13)	2020.05.26	강시■지분압류	■■시■■구청장			소멸

주의사항
- 유치권여지 있음- 2020. 4. 17. 전세권자 박재■로부터 금 80,000,000의 유치권에 의한 권리신고서가 제출되었으나 그 성립여부는 불분명함
- 등기사항증명서에 의하면 2019. 7. 11. 자 한국자산관리공사의 공매공고가 등재되어 있음

또한 임차인은 관련 경매 물건을 법원에다가 유치권 신고를 했습니다. 일반적으로 권리분석을 하면 유치권이 성립되는지, 안 되는지를 따지는데, 저는 이런 유치권 신고를 보면 임차인이 임차하는 상가에 대한 애정도를 알 수 있습니다. 상가 임차인은 상가에 대한 유치권이 없습니다. 임차인의 유치권 신고는 대부분 상가 인테리어 비용입니다. 임대인과 임차인의 상가계약서를 보면 원상복구조항이 있기 때문에 인테리어 비용으로는 유치권 성립이 되지 않습니다. 그런데 임차인은 이런

부분을 몰라서 유치권 신고를 할까요? 알고 있지만 다른 사람에게 뺏기지 않으려고 신고하는 경우가 많습니다.

낙찰 후 다음 날 임차인에게서 전화가 왔습니다. 시일을 잡아서 한번 보자고 이야기했습니다. 주말에 약속을 잡고 커피숍에서 만나기로 했습니다. 임차인이 요구하는 부분은 정해져 있습니다. "계속해서 저렴하게 임차를 하고 싶다"라는 것과 "낙찰가격에서 매매가격을 크게 높이지 않는 선에서 매입을 하겠다", 둘 중에 하나로 귀결이 될 것이라 예상했습니다. 낙찰받은 우리 쪽은 매매보다는 임차의 목적이 있기 때문에 임대료 이야기를 하러 갔습니다.

약속한 날에 임차인을 만나러 갔습니다. 운동선수 출신인 임차인이라서 나이가 있는데 몸이 아주 좋습니다. 간단한 인사를 나눈 뒤, 성격이 급하신지 첫 만남부터 바로 본론 이야기를 합니다.

"앞으로 계획이 어떻게 되나요?"
"저희는 임대료를 받을 예정입니다. 현재 인근 같은 평형에 보증금 5,000만 원에 월 210만 원으로 임차하고 있어서 저희는 230만 원까지 받을 수 있다고 예상하고 있습니다."
"주변 시세 대비 너무 비쌉니다. 현재 그런 임대료를 주는

데가 없습니다."

몇 번의 실랑이가 오고 갔습니다. 임차인이 다시 말했습니다.

"월세 180만 원까지는 이야기가 될 것 같은데, 월세 210만 원은 너무 힘듭니다. 어떻게 한번에 60만 원을 올려 받을 수 있습니까?"

그래서 다른 부분을 제시했습니다. 임차보다 매매를 하시는 게 어떻겠냐고 말했습니다.

"그러면 얼마에 팔 생각이십니까?"
"우리는 4억 9,000만 원을 생각하고 있습니다."
"너무 비쌉니다. 4억 6,000만 원에 매각할 생각은 없습니까?"

매매가격도 임차인과 조율하지 못했습니다. 결국 조율하지 못한 채로 마무리하고, 다시 연락하기로 했습니다. 이제 낙찰자인 우리도 본격적으로 대출을 알아봐야 합니다. 우리의 처음 계획은 무피 투자로, 원래 낙찰가의 90%를 대출받아 실행하는 것이었습니다.

※ 부동산 예상 수익계산표

구분	금액	비고
낙찰가격	397,100,000원	
담보대출(90%)	357,390,000원	담보대출(3.5%) 월 이자 : 104만 원
낙찰가격 담보대출 외 비용	39,710,000원	신용대출
취등록세(4.6%)	18,266,600원	
취득 시 기타비용	1,600,000원	
신용대출 합계	59,576,600원	
임대료 보증금	50,000,000원	
임대료 월세	2,100,000원	
월 수익(월세-월 이자)	1,060,000원	

소유권이전 시 담보대출을 낙찰금액의 90%를 받고, 나머지 부족한 금액은 신용대출 5,950만 원을 받으면 됩니다. 여기서 임차인의 보증금 5,000만 원을 받으면, 신용대출은 약 950만 원 정도가 남습니다. 담보대출의 이자 부분은 임차인에게 월세를 210만 원을 받게 되니 이자 104만 원을 은행에 내도 106만 원이 남는 구조입니다. 10개월 정도 월세를 받으면 담보대출로 받은 이자를 제하고, 신용대출로 지불한 금액은 다 돌려받게 됩니다. 10개월 뒤부터는 내 돈이 들어가지 않는 상가에서 보너스로 월 100만 원 이상을 받게 됩니다.

첫 단추인 담보대출을 알아봤습니다. 제가 자주 연락하는 대출 팀들에게 사건번호를 알려주고 대출금액을 알아봤습니다. 대부분 90% 담보대출이 안 된다고 연락이 왔습니다. 포기하지 않고 알아보니 85%까지 해준다고 했습니다. 하지만 이 금액은 거래조건이 붙어 있어 안 받기로 했습니다.

10월부터 11월은 원하는 대출을 받기가 힘듭니다. 대부분 은행에서 연차별 대출금액 실적을 다 채웠기 때문에 조금만 무리가 있다고 판단되면 대출을 해주지 않습니다. 계획을 다시 세워야 합니다. 담보대출이 80%까지 된다고 하는 은행은 몇 군데 있었습니다. 하지만 담보대출이 10% 적으면 우리 돈 약 4,000만 원가량이 이 상가에 묶입니다. 약 5년간 월세를 받아야 원금이 회수됩니다. 한정된 투자 금액이 묶이면 다음 투자에 상당한 차질이 발생합니다. 입지가 훌륭하고 완공된 지 3년 정도된 신축상가이지만, 매각하기로 결정했습니다. 결정이 나면 후회하지 않고 빠르게 행동하는 게 중요합니다.

이제 두 번째 계획인 매각으로 정하고 움직였습니다. 대출은 1주일 안에 최대한 빠르게 알아보았고, 임차인과 소통도 하고 있었기 때문에 뒷이야기가 자연스럽게 흘러갔습니다. 임차인과 통화를 했습니다.

"매매가격은 조율이 되었나요?"

"관장님, 저도 최대한 조절해보려고 했는데 저희는 현재 4억 8,000만 원에 매각할 용의가 있습니다."

"4억 8,000만 원은 너무 비쌉니다. 저번에 4억 5,000만 원이면 매입할 의향이 있다고 했는데, 그 가격이면 예전 분양가입니다."

임차인이 저번에 말했던 4억 6,000만 원 이야기가 없어졌습니다. 약간의 조율을 통해 4억 6,000만 원 이상에 매각하려던 계획을 변경해야 했습니다. 조금 더 뜸을 들이니 10월이 지나자 임차인이 초조한지 연락이 왔습니다. 한 번 더 만나서 이야기하자고요. 만나는 것은 어렵지 않으니 만나러 갔습니다. 카페에 앉아 이야기를 했는데, 내용은 크게 변함이 없었습니다. 임차인이 대출 관련해서 물어와서 우리가 대출을 받을 곳을 알려주었습니다. 임차인도 매입계획이 있어 보였습니다. 임차인이 알아보고 연락을 준다고 해서 2번째 만남도 협의하지 못하고 헤어졌습니다.

이제 우리도 11월 17일까지 소유권이전을 하지 않으면 지연이자를 납부해야 할 상황에 처했습니다. 대출 자서도 쓰고 담보대출을 열려면 시간이 없었습니다. 기존에 담보대출 80%를 해준다고 한 은행에 연락했습니다. 그런데 은행에서 갑자기 말을 바꾸었습니다. 서류심사를 해야 해서 시간이 더 걸리고, 대출 실행이 안 될 수 있다고 이야기했습니다. 이 은행을 믿고 임차인에게 유치권포기각서를 받지 않았는데 사달이 났습니다. 사실 명도할 때 좀 더 확실한 카드를 들이밀기 위해 포기각서를 받지 않았습니다. 대출을 받지 않으면 소유권이전을 할 수가 없습니다.

대출로 인해 계획을 다시 바꿨습니다. 이제 은행과 협상을 해야 합니다. 유치권포기각서를 제출하면 대출을 해준다는 은행에 급한 대로 이야기했습니다. 이미 은행도 유치권이 성립이 되지 않는다는 것을 알고 있었습니다. 하지만 현재 급한 것은 우리 쪽이니 사정을 해야 했습니다.

"팀장님, 유치권신고금액이 8,000만 원이니 8,000만 원을 빼주시고 대출해주세요."
"그렇게 해도 될까요?"
"대신 유치권포기각서 제출이 되면 추가대출 8,000만 원은 해주실 수 있나요?"
"네, 포기각서가 제출되면 추가대출 해드릴게요."

은행과 협의를 통해 먼저 담보대출의 60%만 받기로 했습니다. 우리는 공동 투자라서 모자란 금액을 다시 각출했습니다.

3명이 약 3,000만 원씩 투자금을 들이기로 했습니다. 만약 한 명이 한정된 금액으로 투자를 진행했다면 보증금을 포기하는 사건이 되었겠지요. 11월 17일 소유권이전 전에 임차인과 한 번 더 통화했습니다.

"관장님, 저희는 내일 소유권이전을 진행합니다. 어떻게 하실지 이제는 정하셔야 합니다."

"우리도 결정을 하고 싶습니다. 하지만 그 금액은 도저히 안 됩니다."

"그러면 내일 매매계약 하시면 4억 5,500만 원에 해드리겠습니다."

"4억 5,000만 원이면 4억 5,000만 원이지 500만 원은 뭡니까?"

"저희도 사정이 있어서 금액을 더 깎을 수는 없습니다. 내일 이후로는 이 금액으로 계약이 안 됩니다. 잘 생각해보시고 답변 주세요."

"알겠습니다."

임차인과 통화 후 그다음 날 소유권이전을 했습니다. 임차인에게서는 연락이 오지 않았습니다. 이제 임차인에게 이쪽에 공격할 칼이 있다는 것을 주지시켜야 합니다. 내용증명 부분을 먼저 문자로 보냅니다.

- 2020년 11월 17일 소유권이전이 완료되었습니다. 이후 임차인은 불법 점유자입니다.
- 소유권이전 후 매각가는 4억 5,500만 원이 아닙니다.
- 그 이후 무단점유 시 매달 감정가(4억 9,600만 원)의 1%에 상응하는 496만 원을 지불해야 합니다.
- 유치권 신고로 인해 물리적 피해와 법원 경매의 혼선을 발생시킨 부분에서 민형사소송을 진행합니다.

　내용을 보냈지만 답변이 없었습니다. 소유권이전을 했다고 바로 칼을 휘두르지 않고 조금 더 기다렸습니다. 그다음 주 월요일에 임차인에게서 연락이 왔습니다. 임차인은 4억 5,500만 원에 계약하겠다고 했습니다. 이런저런 이야기를 한 뒤 화요일에 가계약금 500만 원을 입금하고, 토요일에 법무사 사무실에서 계약서 작성 후 계약금 4,000만 원을 입금하기로 했습니다.

4
상가를 매도해 원금과
수익 회수하기

    부동산을 매입하다 보면 처음 계획대로 안 풀릴 때가 있습니다. 그럴 때는 다음 플랜을 빨리 세워야 손해를 최소화할 수 있습니다. 이번 상가는 처음엔 임대를 목표로 세웠지만, 대출 문제로 매각을 결정해 원금인 목독을 회수하는 데 초점을 두었습니다. 이제 매각을 했으니 부동산 수익계산을 해보도록 하겠습니다.

    신용대출의 합계가 185,007,886원이 나왔습니다. 1인당 들어간 신용대출은 61,669,295원이고, 1인당 신용대출 이자는 18만 원이었습니다. 이번에는 유치권으로 인해 추가 신용대출을 할 수밖에 없었습니다. 하지만 3인이 함께 비용을 부담하니 빠른 시간 안에 해결할 수 있었습니다. 이 비용도 모두 은행 돈을 이용해 세전으로 3,200만 원 이상의 수익을 낸 것입니다. 신용대출 비용이 너무 커서 빠르게 매각해 부담을 줄

※ 부동산 수익계산표

구분	금액	비고
낙찰가격	397,100,000원	
담보대출(60%)	237,680,000원	담보대출
낙찰가격 담보대출 외 비용	159,420,000원	
취등록세 및 채권할인 등	20,300,000원	
취득 시 법무비용	935,000원	
담보대출이자(1개월 4일)	851,306원	신용대출
중도상환수수료	3,446,360원	
매각 시 법무비용	55,200원	
신용대출 합계	185,007,866원	
매매가격	455,000,000원	
총수익(매매가격-대출)	32,312,134원	

였습니다. 소유권이전 후 1주일 안에 계약을 했고, 잔금까지는 소유권이전 후 34일이 소요되었습니다.

Tip   임대료를 받을 수 있는 구분상가 구별법

경매에 나오는 상가는 90%가 일반매매로 매각을 할 수 없는 물건입니다. 그만큼 하자가 많은 물건들만 경매에 나옵니다. 그렇다면 시장에서 정상적인 매매가 이뤄지지 않는 물건이 임대료는 쉽게 받을 수 있을까요? 대부분 공실로 상가 주인들의 골머리를 앓게 만듭니다. 구분상가를 매입해서 월세를 받기 위해서는 정상적인 임대료를 받을 수 있는 물건을 구분할 수 있는 시야를 키워야 합니다. 구분상가는 한 건물에 각 층마다 일정한 면적으로 나누어 호실별로 구분등기가 가능한 상가를 말합니다. 상가 건물의 1층은 임차가 원활하고, 대부분 임대료도 비쌉니다. 하지만 구분상가는 1층도 공실인 경우도 많습니다. 같은 1층이라도 어떤 자리는 임대료가 잘 나오고, 어떤 자리는 공실로 임차조차 쉽지가 않습니다. 다음의 조건에 대입해서 임대료를 받을 수 있는 구분상가를 매입하는 것이 좋습니다.

1. 상가 건물 주변의 유동인구를 조사합니다. 상가 주변 주거밀집도 및 특수목적으로 움직이는 인구를 조사해야 합니다. 상가 앞에 아파트, 빌라, 주택 등 주거하는 인구 수를 확인합니다. 병원, 약국, 유흥주점 등은 목적이 있어 움직이는 인구이기 때문에 시간대별, 연령대별로 사용인원을 조사합니다.

2. 상가 건물 입지를 확인합니다. 상가를 이용하기 위해 움직이는 사람들이 오르막길, 내리막길, 평지 길 중 어느 길로 가는지 확인합니다. 길은 평지 길이 제일 좋습니다.

3. 상가 건물 주변의 공실 상황을 알아봅니다. 매물로 나와 있는 상가 인근에 같은 크기의 상가가 공실로 나와 있는지, 공실 상가가 얼마큼 되는지 체크합니다.

4. 상가의 가시성을 확인합니다. 홍보를 위해 상가에 입간판을 설치하면 눈에 띄는 정도를 확인합니다. 후면 상가는 입간판 설치가 불가능한 곳도 많고, 설치를 하더라도 눈에 잘 보이지 않습니다. 전면부 상가는 6층 이상 높이와 상가 앞에 가로수가 있으면 2층은 피하는 게 좋습니다.

5. 상가 건물의 임대료를 인근 공인중개사와 실거래가를 통해 알아봅니다. 현 건물의 상가 임대료 외에 주변 상가 건물의 임대료도 알아보도록 합니다.

6. 상가 매출을 확인합니다. 매입하려는 상가의 매출 및 주변 상가의 매출도 꼼꼼히 알아봐야 합니다.

월급쟁이 부자 되기 프로젝트

Part 5

0원으로
대형 아파트
구매하기

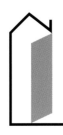

1
보물이 될
대형 아파트 찾기

4년 전만 하더라도 대부분의 사람이 대형 아파트를 매입하면 안 된다고 주장했습니다. 대형 아파트는 매각하기도 어렵고, 관리비가 많이 들어 관리가 힘들며 희소가치가 없어 가격 상승이 잘 되지 않는다고 말했습니다. 반면 소형 아파트는 세대수의 분화로 필요한 사람이 많으니 매각하기도 편하고, 관리비가 적게 들어 관리가 편하며, 희소가치가 있어 가격 상승이 일어날 것이라고 했습니다. 저는 그때 시장 상황과 반대의 주장을 했습니다. 대형 평형이 다시 한번 가격대가 올라갈 것이라고요. 건설사는 당연히 인기가 좋은 중소형 평형을 많이 공급할 수밖에 없습니다. 그러면 자연히 새롭게 분양하는 아파트에는 대형 평형 공급이 줄어듭니다.

여기서 사람들의 주거에 대한 욕망을 생각해봅시다. 신혼부부가 결혼을 하면 25평형 이하인 소형 아파트에 만족할 수 있습니다. 하지만 시간이 지나면 부부 사이에 아기가 태어날 것입니다. 1명 또는 2명 정도 아기가 태어나면 가족의 짐도 늘어나 34평 이상인 아파트로 이사 가고 싶어 할 것입니다. 아기가 어릴 때도 34평 이상의 아파트가 필요합니다. 그러다가 아기가 좀 더 커서 어린이, 청소년이 되면 각자의 개인 공간이 필요합니다. 그러면 더 큰 평형인 40평형, 50평형 아파트로 이사 가고 싶어집니다. 방이 4개 이상인 공간이 결국 필요하게 되고, 더 이상 공급이 안 되는 대형 평형은 가격이 올라갈 수밖에 없다고 생각했습니다.

또 다른 부분은 그때 당시 소형 아파트의 가격이 빠르게 올라가기 시작했습니다. 서울 같은 지역은 1주일에 몇 천만 원씩 올랐습니다. 노인 인구의 증가, 이혼율의 증가, 4인 가족의 분화 등 가구수가 늘어나면서 소형 평수의 인기가 매매가격으로 드러났습니다. 하지만 아무리 소형 평수의 가격이 높아져도 중형 평수의 가격을 넘을 수는 없습니다. 중형 평수도 덩달아서 가격이 올라가기 시작했습니다. 그러면 대형 평수는 중형 평수 가격보다 적을 수 있을까요? 중형 평수의 가격이 올라가니 대형 평수도 반등할 수밖에 없습니다.

이런 2가지 부분으로 대형 평수의 가격 상승을 예상했고, 역시나 서울과 일부 중심지 지역의 대형 평수의 가격은 상승했습니다. 대형 아파트의 가격이 움직이기 시작 전에는 소형 아파트와 중형 아파트의 가격이 상승한다는 것을 알고 있으니 상승을 시작하는 지역을 찾기 시작하면 됩니다. 먼저 지역별 상승하는 곳을 네이버 부동산을 이용해 손품으로 확인합니다.

※ 네이버 부동산 매매 그래프

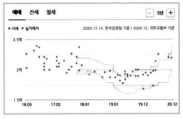

5년간 34평형 가격변동

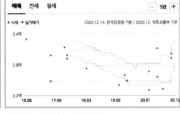

5년간 52평형 가격변동

　같은 아파트 34평형과 52평형의 5년간 매매가격 변동 그래프입니다. 먼저 34평형의 5년간 매매가격 변동 그래프를 보면, 2016년 3월에 2억 4,000만 원이 최고가로 매매거래가 되었습니다. 그 이후 이 지역에 공급물량이 늘면서 이 아파트는 2019년 5월까지 하락합니다. 하락 후 2020년 7월까지 거래가 많이 일어납니다. 2020년 11월에는 예전 최고가 정도로 거래가 됩니다. 12월은 저가 매물이 소진되더니 현재 나오는 매물은 예전 최고가보다 가격이 평균 3,000만 원 이상 높은 수준으로 시장에 나오기 시작합니다.

이제 52평형 아파트의 5년간 매매가격 변동그래프를 확인합니다. 2016년 6월에 3억 3,000만 원 최고가로 매매거래가 되었습니다. 하락장에서는 거래가 크게 일어나지 않는 모습을 보이다가 2020년 2월부터 거래가 되더니 2020년 12월, 아직 예전 최고가를 갱신하지 못한 모습을 보입니다. 하지만 현재는 매매가격이 3억 5,000만 원 이상으로 시장에 나오기 시작합니다.

이 지역의 한 아파트만 비교해서는 현재 상승장을 타고 있는지 정확히 알 수 없습니다. 지역별 물량공급, 전세가율, 주변 시세를 확인 결과, 상승장이 시작되었다는 것을 알 수 있었습니다. 이제 입찰할 물건을 찾아야 합니다.

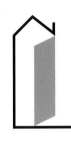

2
대형 아파트
낙찰받기

상가를 현 시세보다 낮춰 빠르게 매각한 이유는 현재 상승장의 대형 아파트가 경매로 나왔기 때문이었습니다. 3,000만 원을 더 받기 위해 임차인과 아웅다웅하는 것보다 원금을 빨리 회수해 다른 부동산을 매입해 매각하는 게 더 효율적이라고 판단해 상가를 저렴하게 매각했습니다.

아파트 임장을 하러 가니 겨울철이라 오후 5시가 좀 넘으니 깜깜해졌습니다. 최대한 빨리 가면 좋았겠지만, 금방 해가 넘어가버렸습니다. 어쩔 수 없이 어두운 상태에서 임장 활동을 했습니다.

13년 차 된 대단지 아파트라서 외관이 깨끗했습니다. 주차 공간이 지하와 지상 둘 다 있어 주차공간도 문제가 없어 보였습니다. 입찰하려는 아파트 호실 우편함을 살펴보니 우편

※ 아파트 임장 활동

아파트 현관문

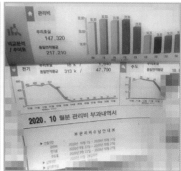

아파트 관리비 고지서

물이 꽉 차다 못해 흘러넘쳤습니다. 우편함에 관리비 고지서를 꺼내봤습니다. 전기와 수도를 2020년 4월부터 현재 12월까지 전혀 쓰지 않았습니다. 아파트가 빈집이라는 것을 예상할 수 있었습니다.

인근 부동산 중개사무소에 가서 아파트 현재 시세도 알아본 뒤 입찰 준비를 마쳤습니다. 입찰을 위해 상가 매각 계약금으로 아파트 입찰 보증금을 준비했습니다. 아파트 시세 조사를 열심히 한 덕분에 이번에도 어렵지 않게 낙찰받았습니다.

신건에 5명이 들어와 310,580,000원에 2등과 약 300만 원 차이로 낙찰이 됩니다. 2등과의 격차는 크게 중요하지 않지만, 2등과 격차가 적으면 기분은 좋습니다. 일반적으로 감정

※ 낙찰받은 아파트

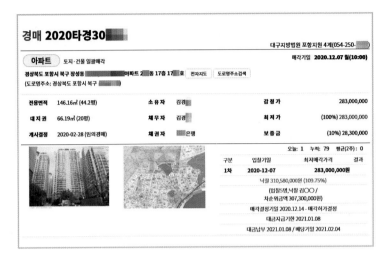

가격보다 높게 낙찰되면, 법정에서 너무 높게 낙찰받은 게 아니냐고 수군댑니다. 그렇다는 것은 현장조사를 전혀 하지 않은 것입니다.

감정가격은 현재의 시세가 아닌, 경매에 내보내기 9개월 전 시세입니다. 어떨 때는 취하, 변경으로 인해 몇 년 전 시세로 감정가에 신건이 나올 때가 있습니다. 시세는 현재 시장 상황에 맞게 반영되어야 하므로 현장 조사가 반드시 필요합니다.

3
대형 아파트 명도 계획과
예상수익 계산하기

이 부동산 물건의 명도 계획을 잡으려면 전 소유자를 만나는 게 제일 빠릅니다. 그가 어떻게 나오는지에 따라 대처하면 되니까요. 하지만 낙찰받은 집에는 전 소유자가 없으니 단서를 찾아야 했습니다. 법원에 열람 및 복사신청서를 작성해 경매 사건에 대한 서류를 뒤져 봤습니다. 서류를 보니 전 소유자가 자신의 공장까지 담보를 잡아 대출한 내역을 알아냈습니다. 공장 주소지를 확인하니 집과는 40분 거리였습니다. 그 인근에 아는 지인이 있어 지인에게 알아봐달라고 부탁했습니다. 전 소유자가 일하는 곳이 어촌동네라 한 다리 건너면 내 집처럼 훤히 다 알 수 있었습니다. 지인이 알아보고 전화를 주었습니다.

"알아봐달라고 한 공장은 몇 달 전에 문을 닫았네. 그 옆에 공장도 그분 것인데 거기도 문을 닫았고. 상황이 안 좋아서 마을 사람들한테도 돈을 빌렸나 봐. 그분이 천주교인인데, 성당에 안 나온 지도 오래되었다고 하네. 마을 사람들은 그분이 망해서 가족 전체가 야반도주한 것으로 알고 있더라고."

짧은 시간 안에 지인은 정말 상세하게 알아봐줬습니다. 혹시 인터넷에 개인 기록이 남아 있을까 싶어 구글, 네이버 등을 이용해 알아봤지만 기록이 남아 있지 않았습니다. 전 소유자를 찾는 게 시간 대비 효율이 맞지 않을 것 같아서 그냥 원칙대로 강제집행하기로 했습니다. 마음을 잡았으니 잔금을 내고 실행하기로 했습니다.

잔금기일은 2021년 1월 8일 16시여서 그때 나머지 잔금을 법원에 입금하고, 소유권이전을 했습니다. 이제 예상수익을 계산해봅니다. 예상수익을 분석하기 전에 현재 얼마에 매물이 나오고 있는지 알아봐야 합니다.

같은 동에 나와 있는 52평형 아파트가 중층 3억 5,000만 원, 고층은 4억 2,000만 원에 나와 있습니다. 현재 44평형 아파트가 3억 5,000만 원에 거래가 되고 있는 실정이라 52평형 아파트 3억 5,000만 원이 상대적으로 저렴해 보입니다. 아직 큰 평형에 대한 거래가 크게 일어나고 있지 않아서 가격들이 붙어 있지만, 몇 개월 뒤면 52평형 가격이 44평형과 몇 천만 원 이

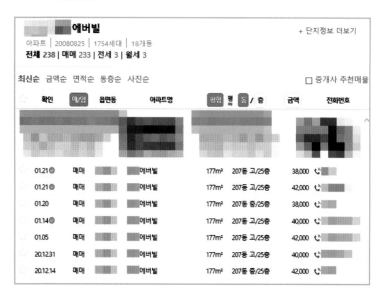

상 차이가 날 것입니다. 44평형 매매가격 또한 몇 개월전만 하더라도 34평형과 차이가 나지 않았지만, 상승장이 일어나니 34평과 44평은 몇 천만 원 이상 차이가 나기 시작했습니다.

　낙찰받은 아파트도 고층 아파트이며, 매각을 하기 위해서는 명도 과정을 거쳐야 합니다. 최소 3개월 뒤부터 매각이 가능하므로 현재 나와 있는 4억 2,000만 원 쯤에는 거래가 될 것으로 보입니다. 그래도 아직 예상 수익분석이니 보수적으로 4억 1,000만 원에는 분명히 거래가 되어질 것이라고 예상합니다.

※ 부동산 예상 수익계산표

구분	금액	비고
낙찰가격	310,580,000원	
담보대출(80%)	231,000,000원	담보대출
낙찰가 담보대출 외 비용	79,580,000원	신용대출
취등록세 및 채권할인 등	3,600,000원	
취득 시 법무비용	450,000원	
담보대출이자(3개월)	2,021,250원	
미납관리비	1,600,000원	
중도상환수수료	3,465,000원	
중개수수료	1,640,000원	
매각 시 법무비용	55,000원	
신용대출 합계	92,411,250원	
예상매매가격	410,000,000원	
총수익(매매가격-대출)	86,588,750원	

현재 예상수익은 86,588,750원입니다. 신용대출의 합계가 92,411,250원이 나왔습니다. 1인당 들어간 신용대출은 30,803,750원입니다. 3개월간 사용한다고 예상하고, 1인당 들어갈 신용대출 이자는 25만 원입니다. 모두 은행 돈을 이용해 세전으로 8,600만 원 이상의 수익을 낼 것으로 보입니다. 수익을 예상수익으로 계산하는 이유는 이 책은 1년간 3인이 가지고 있는 돈이 아닌, 각자의 신용으로 얼마를 벌고, 벌 수 있는지를 알려드리기 위해 집필해서 책이 출간될 즈음에는 아파트 매매계약서를 적고 있을 가능성이 높기 때문입니다.

구형 아파트 리모델링 순서

구형 아파트 매입 후 전세금을 많이 받기 위해서는 리모델링을 해야 합니다. 임차인들도 깨끗하고, 시설이 좋은 곳에 전세를 들어오고 싶어 합니다. 또 나중에 아파트 매각 시 좋은 가격을 받을 수 있고 빠르게 매각처리가 가능합니다.

리모델링은 순서가 중요합니다. 순서가 맞지 않으면 공사 진행 시 공사 기간이 길어지고, 이유 없는 비용이 발생합니다. 공사 순서를 아래와 같이 진행합니다.

철거 → 창호 → 페인트 → 타일 공사 → 싱크대, 신발장 → 목공 → 도배, 장판 → 전기 공사 → 입주 청소

1. 철거
새로운 것을 교체하기 위해서는 철거가 먼저 필요합니다. 철거 업체를 선정해서 철거하면 비용이 많이 드니 창호 업체에 새시 철거, 타일 업체에 화장실 철거, 싱크대 업체에 싱크대 철거를 부탁합니다.

2. 창호
예전에는 알루미늄 새시가 많았습니다. 오래전 시공이 되어 창호가 처지기도 하고, 레일이 망가진 곳도 많습니다. 우풍도 요즘 새시에 비해서 심하고요. 요즘은 하이 새시를 많이 시공합니다. 자재를 가져와서 시공하기 때문에 시공일은 하루가 소요됩니다.

3. 페인트
페인트는 베란다, 다용도실, 몰딩, 걸레받이, 문, 문틀 등 칠할 곳이 많습니다. 시공일은 이틀 소요됩니다.

4. 타일 공사

타일 업체는 타일만 교체하지 않습니다. 화장실 변기, 세면대, 천장 등 화장실 리모델링을 주도적으로 합니다. 타일은 철거해서 재설치하지 마시고 타일 위에 덧방해 새 타일을 시공하세요. 화장실 타일, 싱크대 타일, 베란다 타일, 현관 타일까지 한번에 시공하면 됩니다. 시공일은 이틀에서 삼일 소요됩니다.

5. 싱크대, 신발장

싱크대와 신발장은 싱크대 업체에서 같이 주문 제작을 합니다. 싱크대 상판은 아일랜드 상판을 하는 게 가장 보기가 좋습니다. 하지만 비용이 많이 드는 관계로 하이그로시로 대부분 시공합니다. 철거 시 사이즈를 재고 공장에서 제작을 하기 때문에 시공일은 하루가 소요됩니다.

6. 목공

목공은 몰딩, 걸레받이, 문짝, 문 등 습기에 의해 비틀린 곳들이 있습니다. 부분적으로 보수해주면 됩니다. 시공일은 하루가 소요됩니다.

7. 도배, 장판

도배, 장판은 아파트 평수에 따라 가격이 다릅니다. 도배는 소폭 합지, 광폭 합지, 실크 벽지가 있습니다. 임대를 주기 위한 도배이기 때문에 비용적인 측면으로 인해 광폭 합지로 많이 시공합니다. 시공 시 전등, 콘센트 등은 제거해달라고 요청합니다. 장판은 두께에 따라 가격이 다른데 2.2T 정도로 시공합니다. 시공일은 이틀 소요됩니다.

8. 전기 공사

오래된 전등은 밝기가 약해서 형광등을 교체해야 하는 수고스러움이 있습니다. 거실, 방, 부엌 등 전부 LED등으로 교체합니다. 콘센트, 스위치 커버 등도 새것으로 교체합니다. 시공일은 하루가 소요됩니다.

9. 입주 청소

각종 공사를 해서 먼지가 가득한 집을 직접 청소하시는 분들도 있는데 별로 추천하고 싶은 부분은 아닙니다. 창틀, 배수구 등 청소하기가 힘든 곳이 있기 때문에 전문 청소 업체를 이용하는 게 좋습니다.

0원을 투자해 1년간 얻은 수익

직장인 3명이 각자의 신용을 이용해 1년간 총 4건의 부동산 물건을 매입했고, 3건의 부동산을 매각했습니다. 3명이 매입한 부동산을 다 매각하면 예상 수익은 현금 2억 원 이상으로, 1인 수익으로 나누면 현금 6,800만 원 이상 남게 됩니다. 아직 현금화 되지 않은 것을 다 수익으로 잡아서 계산하니 의혹이 남을 수가 있습니다. 매각해서 내 손에 현금으로 들어와야 그게 돈이라고 말하는 사람이 있습니다. 그렇게 생각하는 분들은 이 책을 보시고 아직 돈이 무엇인지 정확히 파악하지 못한 분들입니다.

돈은 그냥 신용을 나타내는 척도일 뿐입니다. 투자를 진행할 때 저희는 아무런 현금이 없었습니다. 저희 신용으로 돈을 빌려왔고, 담보물건의 신용으로 나머지 금액을 충당해 등기이전 후에 경매에 나와 있는 하자를 처리해 물건의 신용도를 올려 매각 정리해 현금을 만들었습니다.

부동산 물건 상태이면 가치가 없나요? 사실 저는 화폐보다 더 가치가 있다고 봅니다. 화폐는 국가 신용으로 만들어냅니다. 화폐 수량은 계속적으로 늘어나 가치가 떨어지지만, 부동산은 부동성(움직이지 않는 성향)과 부증성(수량이 늘어나지 않는 성향)으로 인해 시간이 지나면 가치는 계속해서 상승합니다.

실질적인 수익은 현금 4,000만 원 이상, 주택을 지을 수 있는 성토된 땅 360평, 중소도시 주거지역 52평형 대형 아파트 1채가 1년간 투자해 만들어낸 성과입니다. 시간이 지날수록 우리가 가지고 있는 부동산은 값어치가 높아질 것입니다. 하지만 다른 부동산을 계속해서 투자해야 하기에 2021년 봄에 매각계획을 잡고 있습니다. 2021년에도 많은 부동산을 접할 수 있는 행복한 한 해가 되었으면 합니다.

부록

월급쟁이 부자 되기 프로젝트

1
임장의
중요성

이 책을 집필하면서 이 글을 넣어야 할지, 말아야 할지에 대해 고민을 많이 했습니다. 하지만 부동산 투자를 하면서 꼭 필요한 부분이자 제가 제일 중요하게 여기는 부분이라서 내용에 넣으려고 합니다.

이번 예시는 낙찰을 받은 예가 아닌, 낙찰을 받지 못했지만 임장을 해서 궁금한 것들을 풀어내는 상황을 보여드리고자 합니다. 처음에도 설명했지만, 저는 부동산 매입방법 중 경매로 매입을 많이 하는 편입니다. 경매는 소유자의 개인 사연이 생겨 법원에 매물로 나오는 것들입니다. 이 사연이 간단하게 보이는 물건이 있는가 하면, 아무리 서류를 보아도 모르는 것투성이인 복잡한 물건도 있습니다. 저는 간단한 사연이든, 복잡한 사연이든 크게 신경 쓰지 않습니다. 대신 간단한 사연보다는 복잡한 사연이 있는 물건이 경매에 나오면 입찰자 수가 적습니다. 입찰자 수가 적다는 것은 내가 입찰하는 물건이 곧 내 물건이 될 가능성이 크며, 수익률이 일반적인 물건보다 높습니다.

이 물건은 어느 날 가족들과 여행을 가고 싶어 입찰에 도전하려고 했던 물건입니다. 저는 여행 자금도 부동산 물건을 낙찰해 매각 후 마련해서 여행을 가곤 합니다. 가족들과 화목하게 잘 살려고 열심히 부동산을 매입해 돈을 버니 일정 부분을 가족들과 좋은 시간을 보내기 위해 가족여행으로 사용하는 편입니다.

2019년 어느 가을에 검색을 통해 소액으로 매입 후 바로 현금화가 가능한 물건이 눈에 들어왔습니다. 부산에 나온 물건으로 지분경매 물건입니다. 지분경매는 한 물건에 소유자가 여러 명일 때 발생하는 물건입니다.

예를 들어 아파트 매입을 위해 부부가 공동명의로 하면, 이 아파트에 부부 각각 1/2씩 권리가 생기는 것입니다. 이때 한 명이 부채, 세금 문제 등으로 1/2 지분이 경매에 나오는 것이 지분경매입니다. 만약 이 지분을 낙찰받으면 낙찰받은 사람이나 나머지 1/2 권리를 가지고 있는 부부 중 한 명이 상대편의 지분을 가져와야 합니다. 왜냐하면 아파트 한 채를 반씩 쪼개서 시중에 팔 수는 없기 때문입니다. 권리를 가지고 있는 한 사람이 나머지 지분을 매입해 시중에 매각을 하든지, 자신이 사용을 하든지 합니다.

이번 물건은 다가구 물건에서 7% 지분이 경매로 나왔습니다. 김명○ 씨의 개인 채무 4,800만 원 때문이었습니다. 이 물건을 선택한 이유는 재개발로 물건이 현금청산 및 입주권 대상이기 때문입니다. 이 지역은 관리처분 후 현재 이주를 시작하고 있기 때문에 물건은 아마 현금청산 대상일 가능성이 높습니다. 이제 하나씩 조사를 시작합니다.

※ 경매 정보지

2019 타경 100▒▒▒ (강제)		매각기일 : 2019-11-05 10:00~ (화)		경매1계 051-780-▒	
소재지	(48462) 부산광역시 남구 대연동 ▒▒▒▒▒▒ [도로명] 부산광역시 남구 신정▒▒▒▒건길 ▒▒ 대연동 ▒▒▒▒				
용도	다가구(원룸등)	채권자	국○○○○○	감정가	36,440,980원
지분토지	10.9㎡ (3.3평)	채무자	김○○.	최저가	(80%) 29,153,000원
지분건물	18.78㎡ (5.68평)	소유자	김○○○○	보증금	(10%) 2,915,300원
제시외	0.3㎡ (0.09평)	매각대상	토지/건물지분매각	청구금액	48,774,513원
입찰방법	기일입찰	배당종기일	2019-04-22	개시결정	2019-02-01

기일현황

회차	매각기일	최저매각금액	결과
신건	2019-10-01	36,440,980원	유찰
2차	2019-11-05	29,153,000원	매각
	공유자/입찰1명/낙찰31,111,000원(85%)		
	2019-11-12	매각결정기일	허가
	2019-12-06	대금지급기한 납부 (2019.11.25)	납부
	2020-01-09	배당기일	완료
	배당종결된 사건입니다.		

감정평가현황 ▶ 국제감정, 가격시점 : 2019-02-19 · 🔲 **감정평가서**

토지	건물	제시외건물(포함)	제시외건물(제외)	기타(기계기구)	합계
27,609,700원	8,751,480원	79,800원	x	x	36,440,980원

건물현황 · 🔲 **건축물대장**

	소재지	층별	구조	용도	(지분)면적	단가K㎡당	감정가격	비고
1	신정변영로▒ 변길 ▒	1층	시멘트벽돌조	근린시설및주택	6.33㎡ (1.91평)	466,000원	2,949,780원	81.28면적중 김명▒지분 6.33전부
2	신정변영로▒ 변길 ▒	2층	시멘트벽돌조	근린시설및주택	6.225㎡ (1.88평)	466,000원	2,900,850원	79.9면적중 김명▒지분 6.225전부
3	신정변영로▒ 변길 ▒	3층	시멘트벽돌조	근린시설및주택	6.225㎡ (1.88평)	466,000원	2,900,850원	79.9면적중 김명▒지분 6.225전부
기타	이용상태(공부상 근린생활시설 및 주택으로 되어 있으나, 현황은 다가구주택으로 이용중임) / 급배수설비, 위생설비 및 유류보일러에 의한 난방설비 등							

조사를 시작할 때 먼저 인터넷을 이용해 손품을 이용합니다. 정보지를 보니 물건이 토지·건물지분매각입니다. 이 지분이 어디에서 나왔는지 알아보기 위해 건물 등기부를 발급받아봅니다.

※ 등기부

【 갑 구 】 (소유권에 관한 사항)				
순위번호	등 기 목 적	접 수	등 기 원 인	권리자 및 기타사항
1 (전 1)	소유권보존	1993년10월8일 제925호		소유자 송원 440226-******* 부산 동구 수정동 ▓▓ 부동산등기법 제177조의 6 제1항의 규정에 의하여 2001년 03월 26일 전산이기
2	소유권이전	2017년10월26일 제54▓호	2016년5월14일 상속	공유자 지분 77분의 21 최정 460603-******* 부산광역시 동구 중앙대로▓▓번길 ▓▓(수정동)
순위번호	등 기 목 적	접 수	등 기 원 인	권리자 및 기타사항
				지분 77분의 14 송민 710915-******* 부산광역시 동구 고관로 173, 103동 2▓▓호 (좌천동,▓▓드림타운) 지분 77분의 14 송승▓ 740526-******* 부산광역시 남구 신경번▓▓번길 ▓▓(대연동) 지분 77분의 6 김명 731028-******* 부산광역시 남구 유연광화로 ▓▓(대연동) 지분 77분의 4 김 980519-******* 부산광역시 남구 신경번▓▓ ▓▓ (대연동) 지분 77분의 4 김하 020610-******* 부산광역시 남구 신경번▓▓ ▓▓(대연동) 지분 77분의 14 송민 820427-******* 부산광역시 동구 고관로 173, 103동 2▓▓호 (좌천동,▓▓드림타운)
3	2번김명 지분강제 경매개시결정	2019년2월1일 제9105호	2019년2월1일 부산지방법원 동부지원의 강제경매개시결 정(2019타경100	채권자 주식회사국민행복기금 110111-▓▓▓ 서울특별시 중구 세종대로 124 (태평로1가, 프레스센터)

등기부에 갑구 3번 항을 보면 김명○의 지분으로 인해 강제 경매가 결정되었습니다. 김명○의 지분이 나눠지기 전 원 소유자를 보면 송칠○가 원 소유자였고, 상속으로 인해 상속권자들로 인해 지분으로 나눠졌다는 것을 알 수 있습니다. 여기서부터 생각을 해봅니다. 상속자 중 처음에 나와 있는 최점○는 원 소유자 송칠○의 아내였을 가능성이 큽니다.

그 밑에 나와 있는 송민○, 송승○는 원 소유자의 자식일 것입니다. 그런데 등기상에 갑자기 김○○가 3명이나 등장합니다. 이들이 대체 누구인지 알 수 없습니다. 설마 '원 소유자가 두 집 살림을 했나?' 이런 생각도 해봅니다. 일단 손품으로 알 수가 없으니 다음 부분을 확인해야 합니다. 이제 매각물건명세서를 살펴봅니다.

※ 매각물건명세서

사건	2019타경 100■■ 부동산강제경매		매각물건번호	1	담임법관(사법보좌관)	
작성일자	2019. 10. 15			최선순위 설정일자	2018. 4. 26, 가압류(토지) 2019. 2. 1, 경매개시결정(건물)	
부동산 및 감정평가액 최저매각가격의 표시	부동산표시목록 참조			배당요구종기	2019.04.22	
부동산의 점유자와 점유의 권원, 점유할 수 있는 기간, 차임 또는 보증금에 관한 관계인의 진술 및 임차인이 있는 경우 배당요구 여부와 그 일자, 전입신고일자 또는 사업자등록신청일자와 확정일자의 유무와 그 일자						
점유자의 성명	점유부분	정보출처 구분	점유의 권원	임대차 기간 (점유기간)	보증금	차임	전입신고일자,사업자등록신청일자	확정일자	배당요구 여부 (배당요구 일자)
김■■	미상	현황조사	주거 임차인	미상	미상	미상	2003.09.28	미상	
송승■■	미상	현황조사	주거 임차인	미상	미상	미상	2016.09.21	미상	
오태■	미상	현황조사	주거 임차인	미상	미상	미상	1994.09.13	미상	

〈비고〉
김■■ : 매각물건의 공유자
송승■ : 매각물건의 공유자

확인 결과 점유자 중 김○, 송승○는 지분권자이고, 이해관계인으로 등기를 통해 알 수 있습니다. 하지만 오태○은 누구인지? 왜 여기에 전입되어 있는지 알 수 없습니다. 그리고 전입일자도 1994년으로 아주 오래전부터 전입이 되어 있습니다. 만약 진성 임차인이면 선순위 임차인으로 경매 낙찰 시 낙찰자가 보증금을 인수해야 합니다. 이 부분도 손품만으로 알 수 없습니다.

현재 이 물건의 상황을 정확히 알 수 없습니다. 이제 발품을 팔아야 될 때입니다. 가족들과 주말을 이용해 맛집 투어 겸 임장을 하러 갔습니다. 현장에 도착하니 이주로 인해 대부분 빈집입니다. 대문에 빨간 글씨로 철거라고 적힌 집들이 많습니다. 조합에서 이사를 가라고 순찰을 돌고 있었습니다. 마을이 하도 조용하니 제가 몰고 있는 자동차 엔진 소리만 크게 들렸습니다.

※ 현장 사진

물건지 앞에 도착했지만 물어볼 만한 곳이 없습니다. 고민하고 있던 그때에 물건지 3층에서 창문을 열어보는 분이 있었습니다. 차가 정차하고 있어 엔진소리에 창문을 열어본 듯합니다. 올라가서 3층 거주자를 만나기 전에 다른 분들이 혹시 거주하는지 전기 계량기를 살펴봅니다.

※ 전기 계량기

전기 계량기 앞에 손품으로 알 수 없었던 오태○라고 쓰인 스티커가 붙어 있었습니다. 계량기는 정상적으로 돌아가고 있어 이분이 여기에 거주할 가능성이 높다고 예상할 수 있었습니다. 아까 인기척이 있었던 3층으로 올라갔습니다. 벨을 누르니 50대로 보이는 아저씨가 나왔습니다.

"안녕하세요. 법원 경매로 현장조사 차 나왔습니다. 혹시 이야기 좀 나눌 수 있을까요?"

"네, 뭐 때문에 그러세요?"

"채무자 김명○ 씨가 여기 거주하시나 싶어서요."

"아, 그분 여기 살고 있는 송승○ 씨의 아들입니다. 다른 아들인 김○ 씨도 여기에 거주하고 있는 것으로 압니다."

이분의 이야기로 처음 손품으로 가졌던 의문이 풀렸습니다.

채무자 김명○ 씨가 원 소유자의 외손자로 상속을 받았던 것입니다. 손품으로 풀 수 없었던 또 한 가지를 물어봤습니다.

"혹시 오태○ 씨는 아시나요?"

"어, 그건 나예요."

"아, 오래전에 전입하신 것 같은데, 한 번도 이사를 가시지 않고 여기 계셨나요?"

"여기 오래 살았지. 1994년부터 쭉 살았어요. 다른 데보다 조금 저렴했거든. 그런데 이 동네를 철거한다고 해서 이제 이사 나가요."

"아, 그러면 보증금은 혹시 얼마인가요? 받으셨나요?"

"오늘 이사 나가는데 보증금 100만 원을 여기 살고 있는 딸에게 받았어요."

이렇게 손품으로 풀 수 없었던 마지막 부분도 대화를 통해 알아낼 수 있었습니다. 만약 임장을 하루 늦게 왔으면 임차인을 만날 수 없어 궁금한 것을 풀어내는 데 오래 걸렸거나, 풀어내지 못해 입찰을 포기했을 것입니다.

이제 선순위임차인도 존재하지 않으니 편안하게 입찰 계획을 세우면 되는데, 하나만 더 알아보기로 했습니다. 이 물건이 과연 조합에서 현금 청산이 되는지, 입주권을 주는지, 만약 현금 청산이 되면 현금을 얼마 주는지, 입주권을 주면 몇 평을 신청했는지 알아야 했습니다. 이런 부분은 부동산 중개사무소에서는 알 수 없습니다. 궁금한 것을 알아내기 위해 정비사업조합 사무실에 전화했습니다.

※ 조합 사무실

조합 사무실에 지번을 알려주고 어떤 상황인지 알아봤습니다. 예상대로 현금 청산하는 물건이었습니다. 현금은 얼마를 보상해주는지 다시 물었더니 조합에서는 쉽게 알려주지 않았습니다. 그래도 알아야 수익이 결정되기 때문에 끝까지 물어봤습니다. 그렇게 3,000만 원 조금 넘게 보상되는 것을 알 수 있었습니다.

이 물건은 감정평가에서 1회 유찰되어 최저가가 29,153,000원이 되었습니다. 하지만 바로 들어가서 취득세, 법무비 등을 내면 큰 수익을 낼 수 없으니 2회 유찰까지 기다렸습니다.

※ 경매 결과

용도	다가구(원룸등)	채권자	국○○○○○	감정가	36,440,980원
지분토지	10.9㎡ (3.3평)	채무자	김○○	최저가	(80%) 29,153,000원
지분건물	18.78㎡ (5.68평)	소유자	김○○○○	보증금	(10%) 2,915,300원
제시외	0.3㎡ (0.09평)	매각대상	토지/건물지분매각	청구금액	48,774,513원
입찰방법	기일입찰	배당종기일	2019-04-22	개시결정	2019-02-01

기일현황

회차	매각기일	최저매각금액	결과
신건	2019-10-01	36,440,980원	유찰
2차	2019-11-05	29,153,000원	매각
공유자 /입찰1명 /낙찰 31,111,000원(85%)			
	2019-11-12	매각결정기일	허가
	2019-12-06	대금지급기한 납부 (2019.11.25)	납부
	2020-01-09	배당기일	완료
배당종결된 사건입니다.			

빠른 임장으로 선순위 임차인이 없어졌고, 현금 보상비까지 알아냈기 때문에 남들보다 우위에 있다고 생각했습니다. 이런 부분을 모르면 일반 입찰자는 입찰할 수가 없습니다. 하지만 지분경매의 약점은 이런 상황을 훤히 알고 있는 공유자가 있다는 것입니다.

이번에는 아들의 채무를 갚아주기 위해 그의 어머니가 입찰해서 낙찰을 받았습니다. 상속으로 지분경매가 나오면 이해관계인들이 그냥 넘어가는 경우가 있어 그것을 기대했습니다. 하지만 이렇게 열심히 조사해놓고도 낙찰을 못 받을 때도 있습니다. 경매는 내가 탐정이 되어 열심히 조사해 나만 알고 있는 사연이 많을수록 입찰자가 적고 수익률이 높습니다.

부동산의 꽃은 매각이라고 이야기하는 사람도 있고, 매입이라고 이야기하는 사람도 있습니다. 저는 부동산의 꽃은 '임장'이라고 생각합니다. 경매는 매입부터 매각까지의 계획이 임장에서 나옵니다. 임장에서 해결되지 않으면 입찰을 포기하는 게 내 돈을 지키는 방법입니다. 아무리 수익을 내기 쉬워 보이는 물건이 있어도 입찰 전에 꼭 임장을 하기 바랍니다.

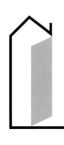

2
명도는
어떻게 하나?

주변 사람들과 경매 이야기를 하면 명도에 대해 궁금해합니다. 낙찰받은 집에 전 소유자나 임차인이 거주하고 있는데, 내보내는 데 어려움이 없는지 물어보는 사람이 많습니다. 저도 처음 경매를 할 때는 다른 분과 똑같은 걱정을 하곤 했습니다.

'낙찰이 되었는데 거주하는 사람이 안 나가면 어떡하지?'
'거주하는 사람이 나한테 행패를 부리지 않을까?'
'낙찰받은 집에 문을 열고 들어갔는데 고독사한 사람을 만나지 않을까?'

별의별 생각이 꼬리에 꼬리를 물었습니다. 경험하지 못했으니 부정적인 생각이 자꾸 머릿속을 차지했습니다. 그래서 경매에 처음 입찰했을 때는 부정적인 생각이 드는 명도보다는 낙찰에 초점을 두었습니다. 그리고 첫 낙찰을 받았는데, 낙찰받은 집에 소유자가 거주하고 있었습니다. 여차여차 명도를 했는데 막상 해보니 너무 걱정이 앞섰다는 것을 깨달았습니다. 명도 중에 제가 걱정했던 부분은 하나도 일어나지 않았습니다. 그 이후 경매를 할 때는 명도에 대해 걱정을 잘 하지 않는 편입니다. 그리고 경험이 쌓이다 보니 경매 정보지만 보아도 명도의 상중하가 구분됩니다.

경매를 하면서 군이 명도가 쉬운 부분을 찾지는 않지만, 알아두면 도움이 됩니다. 이번 사례들은 제가 올해 지인들의 경매를 도와주면서 명도를 했던 부분입니다.

첫 번째 사례는 임차인이 소유자에게 보증금을 받지 못해 경매를 낸 사례입니다.

※ 경매 정보지

제가 거주하는 인근에 46평형 대형 아파트 물건입니다. 주변 부동산의 가격 상승으로 감정가격이 현재 시세보다 낮게 책정되었습니다. 지인에게 유찰을 기다리는 것보다 입찰을 하라고 권유했습니다. 입찰 전 낙찰을 하면 낙찰자가 인수하는 상황이 있는지 권리분석을 합니다.

※ 임차 현황 및 등기부현황

임차인현황					·말소기준권리: 2015.09.11 ·배당요구종기: 2020.03.19		
임차인	점유부분	전입/확정/배당	보증금/차임	대항력	배당예상금액	기타	
(주)대우건설	주거용 건물전부	전입일자: 미상 확정일자: 미상 배당요구: 2020.01.06	보280,000,000원		배당순위있음	선순위전세권등기자, 경매신청인	

등기부현황						(채권액합계 : 280,000,000원)	
No	접수	권리종류	권리자	채권금액	비고		소멸
1(갑3)	2009.09.11	소유권이전(매매)	이영				
2(을6)	2015.09.11	전세권(건물전부)	(주)대우건설	280,000,000원	말소기준등기 존속기간: 2015.09.11~2017.09.11		소멸
3(갑4)	2020.01.06	임의경매	(주)대우건설	청구금액: 280,000,000원	2020타경10		소멸
4(갑5)	2020.11.10	압류	경주시				소멸

임차인 현황은 (주)대우건설입니다. 전입과 확정은 하지 않았네요. 배당요구는 배당요구종기 이전에 했습니다. 일반적으로 전입과 확정을 하지 않고 배당요구를 신청하면 낙찰 후 배당을 받을 수 없습니다.

등기부 현황을 보겠습니다. 이런 경우는 드문데 등기 현황이 아주 심플합니다. 소유권이전 이후 임차인 (주)대우건설에서 전세권을 설정했습니다. 그리고 계약기간이 끝나자 임의 경매를 실행했습니다. 전세권자가 경매를 실행시켰다는 것은 경매를 통해 낙찰이 되면 낙찰금액만큼은 돈으로 받아가겠다는 의미입니다. 만약 낙찰자가 전세설정 금액보다 적게 낙찰 금액을 쓰면 부족한 돈은 낙찰자가 인수해야 합니다. 처음에 말했듯 감정가격이 현재 시세보다 저렴합니다. 이제 과감하게 입찰가를 적습니다.

※ 낙찰 현황

아파트	토지·건물 일괄매각			매각기일 **2020.12.14 월(10:00)**

경상북도 경주시 용강동 ■■■■(에버빌2차 2■■동 14층 14■■호 전자지도 도로명주소검색
(도로명주소: 경상북도 경주시 광중길 ■■)

전용면적	120.81㎡ (36.5평)	소유자	이영■	감정가	280,000,000
대지권	63.19㎡ (19.1평)	채무자	이영■	최저가	(100%) 280,000,000
개시결정	2020-01-06 (임의경매)	채권자	(주)대우건설	보증금	(10%) 28,000,000

오늘: 1   누적: 50   평균(2주): 0

구분	입찰기일	최저매각가격	결과
1차	2020-12-14	**280,000,000원**	

낙찰 292,000,000원 (104.29%)
(입찰5명,낙찰 윤○○)
매각결정기일 2020.12.21 - 매각허가결정
대금지급기한 2021.01.26

전세 보증금보다 입찰가격을 1,200만 원 더 높게 적어 낙찰을 받았습니다. 배당을 분배할 시 경매 신청비 약 300만 원을 더하고, 임차인 보증금을 더해도 넉넉하게 낙찰을 받았습니다. 입찰자는 한 3명을 예상했지만 총 5명이 들어왔네요.

낙찰 하루가 지난 뒤 낙찰자를 도와주면서 명도를 해보기로 했

습니다. 낙찰자에게 임차인 (주)대우건설에 전화를 해서 이야기할 부분을 옆에서 알려주었습니다. (주)대우건설 담당자 연락처를 알 수가 없으니 대표번호에 전화를 해서 연결을 받았습니다.

"사건번호 2020타경 ○○○○○ 낙찰자입니다. 전액 배당을 받는데 집 비밀번호를 알 수 있을까요?"
"아, 어제 낙찰을 받으셨나 보네요. 집 비밀번호는 잔금을 다 납부하시면 알려드리겠습니다."
"미리 좀 알 수 없을까요? 혹시나 고쳐야 될 부분이 있나 싶어서요."
"비밀번호를 알려드릴 수는 없고, 현재 집은 깨끗하게 비워져 있는 상태입니다."

집 내부 상황에 대해 좀 더 물어보았습니다. 그리고 소유권 이전 후 임차인에게 명도확인서와 인감증명서를 내어주고 집 비밀번호를 받기로 했습니다. 임차인과 통화 10분 만에 명도가 완료되었습니다. 임차인이 전액을 다 배당받으니 마찰 없이 명도를 완료했습니다.

두 번째 사례입니다. 임차인이 소유자에게 보증금을 받지 못한 것은 똑같습니다. 대신 보증금을 다른 기관에 위탁을 했고, 그 기관이 경매를 낸 사례입니다.

※ 경매 정보지

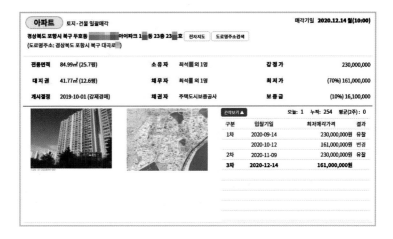

아파트	토지·건물 일괄매각			매각기일 **2020.12.14 월(10:00)**
경상북도 포항시 북구 두호동 ■■아이파크 1■동 23층 23■호 [전자지도] [도로명주소검색]				
(도로명주소: 경상북도 포항시 북구 대곡로■)				

전용면적	84.99㎡ (25.7평)	소유자	최석■ 외 1명	감정가	230,000,000
대지권	41.77㎡ (12.6평)	채무자	최석■ 외 1명	최저가	(70%) 161,000,000
개시결정	2019-10-01 (강제경매)	채권자	주택도시보증공사	보증금	(10%) 16,100,000

		간략보기 ▲		오늘: 1 누적: 254 평균(2주): 0	
		구분	입찰기일	최저매각가격	결과
		1차	2020-09-14	230,000,000원	유찰
			2020-10-12	161,000,000원	변경
		2차	2020-11-09	230,000,000원	유찰
		3차	**2020-12-14**	**161,000,000원**	

이 물건지도 34평형 아파트입니다. 이 아파트도 제가 거주하는 지역의 인근의 아파트입니다. 감정가도 현 시세보다 저렴하게 나와 있습니다. 2020년 9월에 경매가 처음 나왔지만, 유찰이 됩니다. 경매를 낸 주택도시보증공사에서는 채권을 다 돌려받지 못할 것 같아 변경신고를 했습니다. 11월에 다시 재경매를 시작했고, 또 다시 유찰이 되었습니다. 낙찰을 하면 낙찰자가 인수할 사항이 있는지 권리분석을 합니다.

※ 임차 현황 및 등기부현황

임차인현황					·말소기준권리: 2019.10.01 ·배당요구종기: 2019.12.13	
임차인	점유부분	전입/확정/배당	보증금/차임	대항력	배당예상금액	기타
유종■	주거용 1■동 23■호 84.99㎡ 전부	전입일자: 2017.03.28 확정일자: 2018.02.06 배당요구: 2019.02.27	보240,000,000원	있음	배당순위있음 미배당보증금 매수인 인수	임차권등기자
임차인분석	☞등주소지 거주자를 만나지 못해 관할주민센터 전입세대 열람한바 세대주 동재된 사항 없으므로 보고함(출입문에 현황조사 통지서 남겼으나 연락이 없음)					
	▶매수인에게 대항할 수 있는 임차인 있으며, 보증금이 전액 변제되지 아니하면 잔액을 매수인이 인수함					

| 등기부현황　　　　　　　　　　　　　　　　　　　　　　　　　　(채권액합계 : 240,000,000원)

No	접수	권리종류	권리자	채권금액	비고	소멸
1(갑3)	2010.09.28	소유권이전(매매)	김건■,장성■		거래가액 금185,000,000원, 각 1/2	
2(갑4)	2015.06.02	김건■,장성■각지분중일부이전	최석■		매매, 1/2	
3(갑5)	2015.06.02	김건■,장성■지분전부이전	김원■		매매, 1/2	
4(을15)	2019.02.27	주택임차권(1■동 23■호 8■4.99㎡ 전부)	유종■	240,000,000원	전입:2017.03.28 확정:2018.02.06	
5(갑6)	2019.10.01	강제경매	주택도시보증공사(명남관리센터)	청구금액:247,331,124원	말소기준등기 2019타경■■■	소멸

| 주의 사항 | ▶ 매각허가에 의하여 소멸되지 아니하는 것-①매수인에게 대항할 수 있는 '을구 순위 15번 주택임차권(2019.02.27. 등기) 있음(임대차보증금 240,000,000원, 전입일 2017.03.28., 확정일자 2018.02.06.). ②배당에서 보증금이 전액 변제되지 않으면 잔액을 매수인이 인수함. |

　　강제경매를 넣은 주택도시보증공사 위에 선순위 임차인이 있습니다. 임차인 유종○가 보증금 2억 4,000만 원에 전세로 들어왔습니다. 전입을 먼저 하고 확정을 했습니다. 선순위 임차인으로 확실한 권리를 가졌습니다. 배당요구도 해서 전세금을 돌려받는 데는 문제없어 보입니다.

　　입찰자가 2억 4,000만 원 이하로 낙찰을 받아도 나머지 금액은 낙찰자가 인수해야 합니다. 그런데 뒤에 강제경매는 주택도시보증공사가 했습니다. 청구금액은 247,331,124원으로 2억 4,000만 원 이상으로 했습니다. 임차인이 이사가 급해 주택임차권등기를 하고, 주택도시보증공사에서 전세금을 인수받아 경매 비용 및 이자까지 청구한 금액입니다. 입찰 후 배당은 임차인 유종○로 가는 게 아니고, 주택도시보증공사에서 받아가게 되어 있습니다. 내용을 알았으니 입찰을 해야 합니다.

※ 낙찰 현황

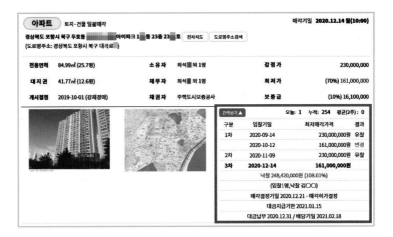

주택도시보증공사가 요구한 금액보다 조금 더 높은 가격으로 입찰을 했습니다. 감정가가 낮아 1명 이상은 들어올 줄 알았는데, 예상이 빗나가 단독으로 낙찰되었습니다.

이번에는 점심식사 후 채권자인 주택도시보증공사 영남센터로 전화했습니다. 사건번호를 알려주고 낙찰이 되었으니 집비밀번호를 알려달라고 했습니다. 그리고 집 비밀번호를 알려주면 명도확인서 및 인감증명서를 우편으로 부치겠다고 하니 담당자가 집 비밀번호와 우편을 보낼 주소를 알려주었습니다. 통화한 지 1분 만에 명도를 했습니다. 이번 경매로 명도 신기록을 세웠습니다. 이제 집을 보러 갑니다.

※ 아파트 내부 사진

　매각허가결정도 나지 않은 상태에서 집을 보기는 또 처음입니다. 임차인이 전액 배당을 받아가는 명도는 걱정할 것이 없습니다. 이 사례의 경우 명도는 쉬웠지만, 대출받는 게 너무 힘들었습니다. 임차인에게 채권을 인수받은 주택도시보증공사가 배당을 다 받아갔습니다. 하지만 낙찰자의 소유권이전 후 임차인의 임차권등기가 바로 소멸처리가 되지 않았습니다. 배당기일에 채권자인 주택도시보증공사가 배당을 받으면 그 이후 소멸이 됩니다. 배당기일은 소유권이전 후 한달 뒤에 잡힙니다. 은행에서는 한달 동안 자신들보다 위에 있는 권리를 싫

어해서 대출을 안 해주려고 합니다. 은행에서는 내용을 알아도 소극적으로 대응할 뿐입니다. 정말 많은 은행과 연락해서 담보대출을 실행시킬 수 있었습니다. 명도보다 은행에서 돈 빌리기가 어려운 물건이었습니다.

세 번째는 전 소유자가 일부 배당을 받은 사례입니다.

※ 경매 정보지

아파트	토지·건물 일괄매각			매각기일 **2020.12.28 월(10:00)**
경상북도 경주시 용강동 ▨▨▨▨ 케버빌2차 2▨동 11층 11▨호		전자지도	도로명주소검색	
(도로명주소: 경상북도 경주시 광중길 ▨▨▨)				

전용면적	108.88㎡ (32.9평)	소유자	김국▨	감정가	260,000,000
대지권	56.92㎡ (17.2평)	채무자	김국▨	최저가	(100%) 260,000,000
개시결정	2020-01-05 (임의경매)	채권자	김광▨	보증금	(10%) 26,000,000

오늘: 1 누적: 81 평균(2주): 0

구분	입찰기일	최저매각가격	결과
1차	2020-12-28	260,000,000원	

첫 번째 사례와 같은 아파트 단지의 물건이 나왔습니다. 이번에는 첫 번째 사례보다 약간 작은 42평형 아파트입니다. 여기가 현재 오르고 있는 지역이라 지인에게 이 아파트를 추천했습니다.

첫 번째 아파트를 낙찰받고 2주 동안에도 가격이 조금 더 올랐습니다. 물건지를 정했으니 낙찰자가 인수받을 것이 없는지 확인합니다.

※ 임차 현황 및 등기부현황

임차인현황				·말소기준권리: 2017.11.03 ·배당요구종기: 2020.03.18		
===== 임차인이 없으며 전부를 소유자가 점유 사용합니다. =====						

등기부현황					(채권액합계 : 171,500,000원)	
No	접수	권리종류	권리자	채권금액	비고	소멸
1(갑3)	2009.09.11	소유권이전(매매)	김국■			
2(을2)	2017.11.03	근저당	경주새마을금고	65,000,000원	말소기준등기	소멸
3(을4)	2018.06.25	근저당	경주새마을금고	6,500,000원		소멸
4(을6)	2018.10.11	근저당	박영■	20,000,000원		소멸
5(을8)	2018.12.06	근저당	김광■	40,000,000원		소멸
6(을9)	2019.05.13	근저당	김광■	40,000,000원		소멸
7(갑4)	2020.01.06	임의경매	김광■	청구금액: 60,000,000원	2020타경■	소멸

임차인 현황을 살펴보니 임차인이 없고, 전부 소유자가 점유 사용하고 있다고 나옵니다. 등기부 현황을 살펴보니 김광○이 근저당을 빌미로 임의경매에 넣었습니다. 청구금액이 6,000만 원으로 부동산 가격보다 그리 크지 않아 취하 가능성이 있어 보입니다. 입찰 당일까지 긴장을 늦추지 않고 경매 사이트를 주시했습니다.

당일에 취하가 뜨지 않았습니다. 경매는 당일까지 확인을 해봐야 합니다. 방심하는 순간 헛걸음을 할 수 있습니다. 만약 사건이 취하된지도 모르고 열심히 달려갔는데, 법원 앞에서 취하 사건으로 공고가 뜨면 하루를 그냥 공칩니다. 이번 사건은 취하가 되지 않았으니 입찰가를 적어 경매 입찰장에 제출했습니다.

※ 낙찰 현황

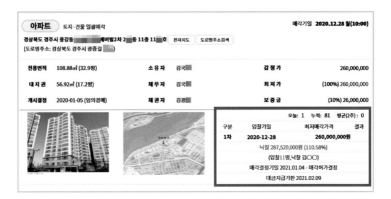

2주 전 경매 낙찰가를 참고해 들어오는 인원이 있기 때문에 낙찰가격을 조금 더 올려 적었습니다. 현재 시장 상황이 좋아 신건인데 11명이 입찰을 했습니다. 2등 가격을 불러주지 않아 아쉬웠지만 낙찰이 되었습니다. 낙찰을 받고 입찰장을 나오는데 모르는 아저씨가 다가왔습니다. 간단한 인사를 주고받고 나니 자신이 방금 낙찰받은 아파트 소유자의 아들이라고 이야기합니다. 다른 일로 인해 그분의 전화번호를 받고 저녁에 전화를 드리겠다 하고 자리를 떴습니다.

저녁에 소유자의 아들과 통화를 했습니다. 개인적인 사정을 이야기합니다. "우리 집 근저당을 잡은 사람이 사기꾼이다. 우리 아버지가 속아서 그렇다. 얼마나 불쌍한지 모르겠다" 등 하소연을 늘어놓습니다. 그럴 때는 그냥 들어주면 됩니다. 그리고 본론을 이야기했습니다.

"힘드시겠지만 언제 이사 나갈 계획이신가요?"

이 한마디밖에 안 했는데 하소연이 열 마디 이상으로 돌아왔습니다. 상대방의 입장을 공감하는 것도 좋지만, 더 중요한 것은 내가 원하는 방향으로 협상을 해야 합니다.

"저희가 잔금을 내면 1억 원 이상 배당을 받아가는데, 집을 비워주지 않으면 명도확인서와 인감증명서를 드릴 수가 없으니 법원에서 배당이 나가지 않습니다. 그리고 협의가 늦어질수록 잔금을 내는 순간 매달 260만 원 씩 내셔야 합니다."

그러자 소유자의 아들이 앓는 소리를 하기 시작했습니다. "이 추운 날 어디로 이사를 가느냐?", "배당을 받고 며칠 있다가 이사를 나가면 안 되느냐?", "보증금을 납부할 돈이 있어야 이사를 나가지 않느냐?" 등 배당을 받고도 기일을 더 달라고 요구를 합니다. 이럴 때는 절대 들어주면 안 됩니다.

"우리는 잔금을 1월 29일에 낼 예정입니다. 그러면 배당기일이 2월 28일에 잡히는데 그때 이사일을 잡아주셔야 합니다. 그날 시설물과 공과금 납부 확인 후 명도확인서와 인감증명서를 내어 드릴 수 있습니다."

소유자의 아들은 자신들의 편의를 봐달라고 이야기했습니다. 하지만 여기서는 더 양보하면 안 됩니다.

"잔금 전 제가 말씀드린 내용을 협약서로 작성하지 않으면 2월부터는 부당이득에 관한 비용을 지불하셔야 합니다. 그리고 비용은 배당받을 금원에 압류하도록 하겠습니다. 만약 강제집행으로 가면 그 비용도 더해 압류조치 하겠습니다."

몇 번의 실랑이 끝에 협약서를 적는 일자를 정했습니다. 아직 협약서를 쓰지 않아서 명도가 완벽히 끝나지 않았지만, 협약서를 적고 이사를 가지 않으면 저쪽이 원하는 것을 내줄 생각이 없기 때문에 전 소유자는 약속된 날짜에 이사를 갈 수밖에 없습니다. 이번 명도도 전화통화 30분 만에 합의를 볼 수 있었습니다.

네 번째 이야기는 배당을 전혀 받지 않는 소유자의 사례입니다. 전부 배당을 받아가는 임차인과 일부 배당을 받아가는 소유자의 명도는 크게 어렵지 않습니다. 자산과 가족, 모든 것을 잃은 사람의 명도는 힘들지만, 이것도 사건마다 요령껏 하면 크게 어려운 것은 없습니다.

※ 경매 정보지

아파트	토지·건물 일괄매각				매각기일 2019.11.18 월(10:00)

경상북도 경주시 강동면 유금리 ███ 외 5필지, ███ 아파트 1 ███동 5층 5 ███호 전자지도 도로명주소검색
(도로명주소: 경상북도 경주시 강동면 강동로 ███)

전용면적	59.48㎡ (18평)	소유자	임지██외 1명	감정가	69,000,000
대지권	24.87㎡ (7.5평)	채무자	███파크	최저가	(49%) 33,810,000
게시결정	2019-04-08 (임의경매)	채권자	███불유(주)	보증금	(10%) 3,381,000

		오늘: 1 누적: 108 평균(2주): 0
구분	입찰기일	최저매각가격 결과
1차	2019-09-16	69,000,000원 유찰
2차	2019-10-21	48,300,000원 유찰
3차	2019-11-18	33,810,000원

　　이번 사례는 2019년 11월에 낙찰받은 자료입니다. 명도가 까다로운 것을 고르다 보니 조금 지난 자료로 예시를 들 수밖에 없네요. 이 시기에 이 지역은 하락장이 끝나가고 있는 시점이었습니다. 근처에 초등학교가 있는 300세대 아파트 단지로 경매로 나온 물건은 26평형 아파트입니다. 근처 9평형 원룸 전세가격이 4,000만 원이어서 입찰을 보기로 결정했습니다. 입찰 전 앞의 사례와 똑같이 권리분석을 했습니다.

※ 임차 현황 및 등기부현황

말소기준권리: 2015.04.17 · 배당요구종기: 2019.06.24

임차인	점유부분	전입/확정/배당	보증금/차임	대항력	배당예상금액	기타
성창██	주거용 미상	전입일자: 2013.03.04 확정일자: 미상 배당요구: 없음	미상		배당금 없음	

기타사항	☞조사외 소유자 점유 ☞성창██은(는) 전입일상 대항력이 있으므로, 보증금있는 임차인일 경우 인수여지 있어 주의요함.

No	접수	권리종류	권리자	채권금액	비고	소멸
1(갑4)	2010.04.02	소유권이전(매매)	임지■		거래가액:41,000,000	
2(을4)	2015.04.17	근저당	■■새마을금고	63,700,000원	말소기준등기	소멸
3(을6)	2016.09.07	근저당	■■유(주)	210,000,000원		소멸
4(갑5)	2019.01.22	가압류	■■보증보험(주)	28,949,024원	2019카단■■	소멸
5(갑6)	2019.03.29	가압류	■■신용보증재단	10,545,000원	2019카단■■	소멸
6(갑7)	2019.04.08	임의경매	■■■■유(주)	청구금액: 32,824,474원	2019타경■■■	소멸

| 등기부현황 (채권액합계 : 313,194,024원)

경매에 나온 부동산 소유자는 임지○입니다. 임차인 현황을
보니 성창○입니다. 새마을금고에서 2015년 4월 17일 근저당
설정을 했지만, 임차인은 그 이전 2013년 3월 5일에 전입을 했
습니다. 근저당보다 임차인의 전입이 빠르기 때문에 진성 임
차인이면 낙찰자가 임차인의 보증금을 인수해야 합니다. 현
장 임장 전 인터넷 검색을 통해 내용을 더 알아보기로 합니다.

※ 기업정보

인터넷으로 기업정보를 알아봅니다. 주주정보를 통해 임지
○과 성창○이 부부 사이인 것을 알 수 있습니다. 이혼을 하면
이야기가 달라지겠지만, 2013년 당시 부부 사이였기에 성창
○은 임차인이 아닙니다. 낙찰 후 낙찰자가 인수 사항이 없으
므로 입찰을 결정합니다.

※ 낙찰 현황

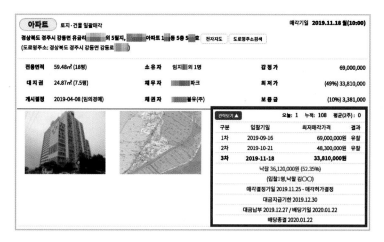

당시 이 지역 아파트는 인기가 없기는 했지만, 낙찰을 단독
으로 받을 줄은 몰랐습니다. 보이지 않는 경쟁자와 싸운다고
최적가보다 2,300,000원을 올려 적었습니다. 조금 아까운 감
이 있지만, 시간이 지나면 현 감정가격대로 시세가 오를 것이
라 보고 미련을 버렸습니다.

명도를 위해 소유자를 만나러 갔습니다. 집으로 찾아가니 사람이 거주하지 않는지 인기척이 느껴지지 않았습니다. 연락처를 적어 포스트잇을 현관문에 붙이고 집으로 돌아갔습니다. 이틀 정도 기다리자 소유자가 연락을 했습니다. 인사를 하고 바로 본론으로 들어갔습니다.

"언제 이사 나갈 계획이신가요?"
"만나서 이야기하면 안 될까요?"
"네, 그러면 7시 쯤 ○○동 커피숍이 어떨까요?"
"그러면 거기서 뵙도록 하죠."

저녁에 소유자를 보기 위해 커피숍으로 이동했습니다. 10분 정도 기다리니 소유자가 나타났습니다. 인사를 나눈 후 소유자가 질문했습니다.

"이 집을 낙찰받은 이유가 거주하려고 받으신 건가요? 아니면 임대를 하려고 받으신 건가요? 임대가 목적이면 나랑 계약했으면 하는데….'

저는 경매받은 물건이 임대가 목적이더라도 전 소유자와 임대차계약을 하지는 않습니다. 전 소유자가 월세를 지불할 능력이 있었으면 소유하고 있던 부동산을 경매로 내보내는 경우가 거의 없기 때문입니다.

"회사에서 나오는 사택이 이제 조건이 안 맞는다고 이사 가라고 해서 이 집을 매입했습니다. 돈이 많으면 더 좋은 집을 매입했겠지만, 저도 월급쟁이라 큰돈이 없어 경매로 집을 구매할 수밖에 없었습니다. 사장님이 혹시 이사를 나가시면 언제까지 비워주실 수 있나요?"

소유자가 조금 측은한 눈으로 저를 보았습니다. 그리고 자기 이야기도 꺼냈습니다. 공장을 운영하는데 월세 계약을 했더니 계약자가 자기 공장에 폐기물을 잔뜩 쌓아두고 도망을 가버렸고, 폐기물을 치우려니 금액이 너무 많이 들어 파산신고를 했다고 합니다.

"일처리를 해야 되어서 내가 좀 더 있었으면 하는데, 이 집에 이사 들어와야 된다고 하니 적정 이사비를 주면 짐을 정리해서 나갈게요."
"적정 이사비면 얼마를 생각하시는지요? 저도 식구들을 건사해야 되어서 돈이 많지 않습니다."
"많이 달라는 게 아니고 이사 나갈 비용만 주세요. 우리 집에 지금 나 혼자뿐이라서 짐이 많지는 않아요. 이삿짐센터 불러서 견적을 받을 건데 우리 집에 와서 짐을 한번 봐요. 그리고 겸사겸사 집도 한번 보고요."

"네, 그러면 이틀 뒤에 한번 집으로 찾아가도 될까요?"

"미리 연락 주고 와요. 그리고 내가 여기 한 달은 더 있어야 되는데 그렇게 해줄 수 있지요?"

"저희도 빨리 이사 가면 좋은데, 선생님도 사정이 있으니까 저희가 맞추도록 하겠습니다. 그러면 오늘 한 이야기를 문서로 작성해서 찾아뵙도록 하겠습니다."

이야기를 잘 마무리하고 커피숍에서 나왔습니다. 이틀 뒤에 소유자에게 전화를 하고 그 집을 방문했습니다. 문을 열어놓고 기다리고 계셨습니다. 집 사진을 찍으라며 한쪽으로 물러나 주셨습니다.

※ 아파트 내부 사진

집은 생각보다 깨끗했습니다. 싱크대와 화장실은 2년 전에 리모델링을 했다고 합니다. 운이 좋았습니다. 이제 소유자와 이야기했던 부분에 대해 약정서를 쓰기로 합니다. 이사 견적은 65만 원이 나왔다고 해서 약정서 기입란에 이사비를 적었습니다. 미리 작성한 약정서를 읽던 소유자가 현재 자기가 미납관리비를 낼 형편이 안 되니 대신 좀 내달라고 했습니다. 미납관리비가 얼마인지 조사를 해서 알고는 있지만, 혹시 몰라 얼마를 미납했냐고 물어봤습니다. 관리비도 이사비와 같은 금액인 65만 원을 미납했다고 합니다. 순간 움찔했지만 싱크대와 화장실 공사를 따로 하지 않아도 되니 이사비 130만 원을 지불하기로 했습니다.

한 달 뒤에 약속한 이사비를 지불하고 소유자와 뜨거운 안녕을 했습니다. 소유자가 나가자 집을 조금 수리해 반전세로 내놨습니다. 시장에 내놓은 지 3일 만에 계약이 되었습니다.

※ 아파트 리모델링 후

소유자가 거주하고 있는 명도도 크게 어렵지는 않습니다. 대신 원활한 명도 진행을 위해서는 합의로 이사비가 발생할 수 있습니다. 저는 명도 진행을 위해 이사비용을 크게 지불하지는 않습니다. 이번 명도가 크게 기억에 남는 이유는 이사비가 100만 원 이상 지불이 되었기 때문입니다.

이 네 가지 사례를 보고 명도가 크게 어렵다고 느끼는 분은 없을 것입니다. 명도에 정형화된 것은 없습니다. 명도는 사건마다 해결하는 방법이 다 다릅니다. 내가 가져가야 될 부분을 명확히 하면서 사람의 마음을 잘 공감해주면 명도만큼 쉬운 것도 없습니다. 명도를 두려워하지 마세요.

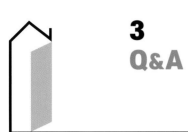

3
Q&A

Q 1. 현재 인구수가 줄어들고 있는데 부동산 가격이 하락하지 않을까요?

A 부동산은 인구와 밀접한 관계가 있습니다. 인구가 많이 없으면 그 지역의 부동산은 오르기가 힘들겠지요. 하지만 지금의 시대는 세대수의 증가보다 가구수의 증가에 의미를 둬야 합니다. 우리 부모 세대들은 한 세대에 많은 구성원이 살고 있었습니다. 제가 학교를 다닐 때만 해도 집에 할아버지, 할머니랑 같이 사는 세대가 많았습니다. 한집에 할아버지, 할머니, 아버지, 어머니, 나, 동생 등이 살면서 대형 평형의 집이 많았습니다. 하지만 지금은 어떤가요? 지금은 전부 따로 사는 형태입니다. 의료기술의 발달로 노인 인구의 증가, 이혼율의 증가, 취업이 쉽지 않으므로 1인 세대의 증가, 삶의 형편으로 아이를 낳지 않는 2인 세대 등 소규모 주택 수요가

많이 발생했고, 수요와 더불어 가구가 증가하고 있습니다. 수요의 증가는 공급이 발생하지 않으면 가격이 오를 수밖에 없는 구조입니다.

Q 2. 다주택자는 투기 세력이라 나쁜 사람들인가요?

A 네이버 용어사전에 '투기'라는 단어를 보면, '보통 시장 가격의 변동에 따른 매매차익을 얻기 위해 토지, 물건, 재산 등을 매매하는 행위이나 부동산의 경우는 도박에 가까운 이상적, 비정상적인 규모의 이익을 취득할 목적으로 금전을 투입하는 수가 많다'라고 나옵니다.

부동산을 매입해서 매매를 하면 투기라고 규정하고 있습니다. 그러면 부동산을 매입해서 임대를 하면 투자인가요? 처음에는 임대를 목적으로 매입을 했는데, 임대가격이 생각보다 빠르게 오르지 않아 매각을 하면 투기인가요? 투자인가요?

주식을 매입해서 배당을 받지 않고 매각하면 투기인가요? 대부분 주식을 매입하는 사람들은 배당의 목적보다는 매매를 통한 시세차익에 목적을 둡니다. 그러면 주식 투기인가요?

또 용어를 보면 '부동산의 경우는 도박에 가까운 이상적, 비정상적인 규모의 이익을 취득할 목적으로'라고 쓰여 있습니다. 부동산을 매입할 때 대부분의 사람이 묻지 마 투자를 하나요? 물건을 하나 매입할 때 수많은 생각과 고민을 해서 자기자본을 투자합니다.

특징도 9가지를 열거해놓았는데 한 개씩 이야기해보겠습니다.

① 가수요자의 행위가 많다.

주택을 매입하는데 실수요와 가수요를 어떻게 구분하나요? 실수요는 매입해서 그 집에 사는 행위이고, 가수요는 매입해서 주택을 전세, 월세를 주면 가수요인가요? 매매행위를 하면 하면 투기라고 규정하니 세를 주면 투자입니다.

② 땅값이 낮은 미성숙지 등을 필요량 이상으로 구입한다.

그 필요는 누가 정해주는 건가요? 매입하는 매입자가 정하는 건가요? 국가가 정해주나요? 아니면 남이 정해주나요? 결국 자기가 정해서 매입을 하는 것입니다.

③ 이용·관리할 의사가 없다.

자신이 매입한 부동산 중 세를 주지 않거나, 자기가 거주하지 않을 사람은 없습니다. 만약 관리가 안 된다면 개인적인 신상의 문제가 있을 가능성이 높은데 그런 사람들이 투기꾼인가요?

④ 예측 불허하는 양도차익이 목적이다.

예측을 해서 양도차익의 100억 원을 생각해서 팔아 100억 원이 생기면 투자이고, 1,000만 원을 예측했는데 2,000만 원의 양도차익이 생기면 투기인가요?

⑤ 투기 가격으로 거래한다.

이 투기 가격은 누가 정해 놓은 건가요? 집을 5,000만 원에 거래하면 투자이고, 1억 원에 거래하면 투기인가요?

⑥ 보유기간이 단기간이다.

이것도 누가 정하는지 알 수 없습니다. 두 달 정도 보유하다 소유자가 뜻하지 않은 사고로 자식에게 상속하거나 남에게 양도를 하면 투기꾼인가요?

⑦ 전매로 이익을 실현시킨다.

부동산을 팔아 이익이 1원이라도 생기면 투기꾼인가요? 그러면 주식 투자자들이 가장 대표적인 투기꾼인가요?

⑧ 시장 조사를 하지만 모험적·도박적 금전 투입을 감행한다.

부동산 투자 중 모험과 도박을 즐기는 사람이 있을까요? 부동산 투자는 정말 철저한 조사를 통해서 투자를 진행합니다.

⑨ 대상 부동산이 소유될 뿐 자기나 타인에게 기여하지 못한다.

그러면 시장에 나와 있는 전세, 월세 물건은 무엇인가요? 저는 투기라는 용어는 억지로 만들어냈다고 봅니다. 다주택자가 투기꾼이라고 주변에서 이야기하는 분들이 많은데, 그들이 있기에 전세, 월세 시장의 안정화가 이뤄지고 있습니다. 주택을 3채 이상 가지고 있으면 투기꾼이고, 주식을 3주 이상 가지고 있으면 투자자인가요? 우리의 조상들도 정복 전쟁을 통해 영토를 넓혔습니다. 우리의 조상들은 투기꾼인가요? 투기는 투자라는 용어보다 나쁜 말일까요? 이런 말로 선동되어 기회를 잃지 마시길 바랍니다. 제가 정의하는 다주택자는 나쁜 사람이 아니고, 시장의 교란을 막아주는 시장의 안전 장치입니다.

Q 3. 부동산 시장은 계속 상승하나요?

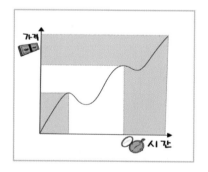

A 부동산은 위의 그래프처럼 시간이 지날수록 가격이 상향을 합니다. 중간에 출렁거리면서 가격이 하락을 할

때도 있지만, 시간이 지나면 하락 부분을 회복하고 상향합니다. 여러 가지 원인이 있지만, 가장 큰 원인은 화폐 가치의 하락입니다. 10년 전에 만 원과 현재의 만 원은 가치가 다릅니다. 10년 전에는 만 원으로 짜장면의 두 그릇을 먹을 수 있었지만, 이제는 만 원으로 짜장면을 한 그릇밖에 먹을 수 없습니다. 그만큼 우리가 가지고 있는 화폐는 시간이 지날수록 가치가 작아지니 실물자산의 가격이 오를 수밖에 없습니다.

Q 4. 거주하고 있는 아파트가 많이 올랐는데 매각하고 전세로 옮겨도 될까요?

A 1주택자는 거주하고 있는 아파트를 함부로 매각하면 안 됩니다. 대부분 이런 분들은 아파트값이 올랐기 때문에 다시 내릴 것이라고 보고, 살고 있는 집을 매각하고 전세로 옮겨갑니다. 그 뒤 아파트값이 내리면 다시 매입해서 거주하려고 합니다. 생각대로만 되면 베스트 플랜입니다. 하지만 인생은 쉽사리 생각대로 되지 않습니다. 만약 매각 후 집값이 더 오르기 시작하면 내 집을 팔았던 게 후회되기 시작합니다. 시간이 지날수록 내 집 마련이 점점 요원해집니다. 1주택은 내가 사용하기 때문에 시장이 하락 신호를 보내도 굳이 팔 필요가 없습니다. 자산을 늘리기 위해서는 주택을 하나 더 매입

해서 시장이 상승했을 시 하나를 매각하는 것을 추천합니다.

Q 5. 부동산을 매입 시 무엇을 먼저 고려해야 되나요?

A 부동산은 토지, 상가, 아파트, 주택, 오피스텔 등 종류가 다양합니다. 매입 시 매각이 쉽고, 차익이 많이 남는 부동산을 선택하려면 그 부동산의 입지를 봐야 합니다. 그 부동산 주변에 교통, 교육, 상권, 환경 등을 고려해 매입하면 실패할 확률이 적습니다. 사실 여러 가지로 나눠서 이야기를 하지만, 시간이 갈수록 사람들이 모이는 부동산을 선택하면 됩니다. 부동산의 입지는 결국 사람이 만들기 때문입니다. 사람이 많이 모이는 부동산을 매입하기 바랍니다.

Q 6. 부동산 매입 시 어떤 부동산을 피해야 하나요?

A 공부가 안 된 상태에서 하는 부동산 매입은 뒤로 미루길 바랍니다. 공부를 좀 하고 나서 부동산 매입을 해도 늦지 않습니다. 남들이 현 시장에서 "몇 억 원 벌었다. 몇 십억

원 벌었다" 하는 이야기에 질투하지 마세요. 물론 공부가 안된 상태에서 운으로 벌 수도 있지만, 그렇게 투자한 부동산이 계속적으로 성공하기는 힘듭니다. 그래도 매입을 하고 싶으면 이런 부동산을 피하시기 바랍니다.

첫 번째는 분양형 호텔입니다. 은퇴하는 사람을 타깃으로 월세를 받아 생활하라고 신문광고에 간간히 나옵니다. 이런 부동산을 계약하는 순간, 젊은 날 일해서 모은 돈을 한순간에 다 날리게 되어 있습니다. 분양형 호텔은 소유권자가 위탁관리업체로 인해 사용 수익이 원활하지 않습니다. 자신의 돈으로 매입했지만, 수익은 관리업체가 다 챙겨가는 구조이기 때문에 매입하는 순간부터 소유자가 손해를 봅니다. 관리업체에 약정 수익률을 달라고 해도 수익이 나지 않는다고 잡아뗍니다. 그렇다고 매각을 하고 싶어도 아무도 매입해갈 사람이 없습니다. 분양형 호텔 매입은 피하기 바랍니다.

두 번째는 분양형 상가입니다. 분양형 상가는 분양자가 피분양자에게 최대한 많은 금액을 받기 위해 분양가가 주변 월세에 비해 높습니다. 하지만 신축 상가라는 이유로 월세가 주변보다 확 높을 수는 없습니다. 신도시 신축 상가에 공실이 많은 이유가 뭘까요? 분양 업체에서는 높은 월세를 받을 수 있고, 주변에 만들어지는 온갖 호재를 설명하며 피분양자가 분양을 받게 합니다. 그러면 피분양자는 분양업체의 말만 믿고, 그 월세로 임대하겠다고 시장에 냅니다. 시장은 냉혹합니다.

시장이 받아줄 수 없는 월세는 계약이 되지 않습니다. 그러면 피분양자는 분양받기 위해 받았던 대출로 은행이자가 발생하고, 공실로 인한 상가관리비로 이중고를 받습니다. 그렇다고 월세를 저렴하게 낼 수도 없습니다. 월세를 저렴하게 계약하면 피분양자가 구매한 가격으로 상가가 매각되지 않습니다. 분양형 상가 매입도 조심하기 바랍니다.

세 번째는 확정 수익형 부동산입니다. 예전에는 광고가 많이 나왔는데, 요즘은 조금 뜸한 것 같습니다. 상가는 아직 이런 광고가 많이 나옵니다. '2층 유명 디자이너 ○○미용실 계약 완료. 보증금 ○○○○만 원 월세 ○○만 원 이자 내고 확정 수익 10프로'라고 나옵니다. 분양 사무실에 가면 계약서도 보여줍니다. 하지만 이것도 몇 개월간 월세를 내지 않는 조건인 렌탈 프리인 경우가 많고, 분양 회사에서 피분양자에게 분양한 뒤 계약기간이 끝나면 이사를 가버립니다. 그러면 피분양자는 공실 상가를 다시 세를 맞추기 위해 동분서주하게 됩니다. 다시 임차인이 들어오면 다행이지만, 분양 회사가 제시한 월세로 들어오는 임차인은 없습니다.

실체가 없는 부동산을 매입한다고 이야기하는 업체가 있습니다. 광고에는 '○○ 부동산 6개월 투자 시 원금 보장 이자 30%' 이렇게 써 있습니다. 대부분 NPL 관련 투자 회사가 많이 사용하는 수법입니다. 유사수신행위로 인가나 허가를 받지 않고, 불특정 다수인을 상대로 투자금을 조달해 사기를 치는 행위입니다. 설명 중에 부동산 중개사가 들어가니 그럴듯하게 들리고, 지갑이 그냥 열리는 경우가 있습니다. 확정 수익을 나눠준다는 이야기가 있으면 의심을 해야 합니다.

그 외에 열거하기도 힘들 정도로 많습니다. 공장, 토지, 아파트 등 조심해야 될 게 한두 개가 아닙니다. 그러니 어느 정도 부동산 공부를 하고 매입하는 게 가장 안전합니다.

Q 7. 부동산은 어떻게 공부하나요?

A 부동산 관련 책을 많이 읽으면 됩니다. 서점에 가면 재테크 관련 부동산 서적이 많습니다. 내용도 분야별로 토지, 상가, 아파트, 공장, 모텔 등 다양한 종류의 서적이 다 있습니다. 처음부터 모든 종류의 부동산을 매입해 경험을 쌓을 수는 없습니다. 책으로 간접 경험을 많이 쌓으세요. 그러면 부동산 매입을 위해 임장을 가면 책으로 읽었던 내용과 겹칠 때가 있습니다. 실전 활동을 할 때 그렇게 하나하나 대입해가면서 부동산 매입을 하면 실패 확률도 줄어들고, 부는 쌓이게 됩니다. 왕도는 없습니다. 책을 많이 읽으세요.

Q 8. 부동산 하락론자에 대해 어떻게 생각하시나요?

A 부동산 하락론자를 좋은 사람 또는 나쁜 사람이라고 단정 지을 수는 없습니다. 시장은 항상 상승했다가 하락했다가 출렁이면서 상승합니다. 하락론자가 활동할 때 시장이 하락할 때도 있겠지요. 그러면 그 사람이 시장이 움직이는 방향을 맞췄다고 환호하는 사람들이 있습니다. 지지하는 사람들로 인해 하락론자는 명예를 얻습니다. 하락론자는 부동산 시장의 하락을 믿었기 때문에 자신의 명의로 된 부동산은 없습니다.

상승론자는 어떨까요? 상승론자가 활동할 때 시장이 상승할 때가 있습니다. 그러면 앞의 예와 똑같이 환호하는 사람들이 있습니다. 상승론자도 지지하는 사람들로 명예를 얻습니다. 하지만 하락론자와 다른 것은 시장의 상승을 믿었기 때문에 자신의 명의로 된 부동산이 있습니다. 상승 시 부동산이 있다는 것은 자신의 부를 증가시킬 수 있다는 것입니다. 그러면 여러분들은 부동산을 어떤 시야로 보는 게 좋을까요? 명예만 가지는 하락론자가 좋은가요? 명예와 부를 같이 가지는 상승론자가 좋은가요?

Q 9. 부동산 침체기에는 어떤 투자 방식이 있을까요?

A 부동산이 침체된 곳에는 투자를 안 하면 됩니다. 부동산 사이클이 지역마다 다 다르니 상승장이 오는 지역에 투자하면 됩니다. 그 지역이 침체가 되어 있는데, 거주를 위해 매입을 해야 한다면 경매·공매로 매입하기 바랍니다. 경매·공매의 특징이 현재의 실거래가격보다 저렴하게 매입이 가능하니 매입 후 시세가 약간 하락한다고 하더라도 버틸 수 있습니다. 실거주 집은 굳이 투자가 아니더라도 내가 실생활에 사용해서 사용가치가 있으니 경매·공매로 매입하면 침체기에 가격 방어를 할 수가 있습니다.

Q 10. 작가님은 전업 투자자이신가요?

A 저도 대부분의 사람과 같은 직장인입니다. 저도 전업 투자자를 꿈꿔본 적이 없다고 하면 거짓말이겠지요. 하지만 시장을 공부하면서 느낀 점은 전업 투자자보다는 직장을 다니면서 투자를 하는 게 좀 더 효율적인 것 같습니다. 직장의 좋은 점은 직장이 있다는 이유로 은행에서 대출이 잘 됩니다.

자영업자나 사업자는 은행에서 대출을 받기가 쉽지 않습니다. 은행 돈을 이용하기 위해서는 직장인이 좋습니다.

투자를 처음 시작하면 매달 수익이 나는 구조가 아닙니다. 월세형 부동산을 매입하면 매달 금원이 나오지만, 시세차익형 부동산을 매입하면 하나를 매각해야 수익이 발생합니다. 월세형 부동산도 매달 나오는 금액이 높으면 좋은데, 월급만큼 나오게 하기 위해서는 힘이 많이 듭니다. 직장인의 좋은 점은 월급이 나온다는 것입니다. 월급은 가정을 꾸리는 생활비로 사용하고, 부동산으로 버는 것은 저축을 하거나 다른 부동산을 계속해서 매입하면 전업 투자자보다 많이 번다고는 할 수 없지만, 생활의 안정감은 전업 투자자보다 높습니다.

Q 11. 직장을 다니면서 투자하기 힘들지 않나요?

A 직장을 다니면서 투자하는 것이 안 힘들다고 하면 거짓말입니다. 직장에서 일하다가 퇴근하면 가족들과 저녁밥을 먹고 아이들하고 놀아주다가 아이들이 자면 소파에 누워서 재미있는 TV 프로그램을 보다 잠들고 싶을 때가 많습니다. 하지만 그렇게 10년, 20년, 30년이 지나면 만족스러운 삶을 살았다고 할 수 있을까요? 항상 적은 월급에 생활수준을 맞

취야 하니 먹고 싶은 것도 못 먹을 때가 많을 것이고, 여행을 가고 싶어도 참아야 하며, 아이들이 크면서 배우고 싶어 하는 것도 못 가르칠 것입니다. 그렇게 살고 싶으신가요?

저는 그런 길을 가고 싶지 않아 직장에서 일이 끝나 퇴근하면 식사 후 아이들을 돌봐주고, 아이들이 잠자리에 들면 부동산 물건을 검색합니다. 투자해서 당장 돈이 없을 때도 항상 검색하면서 이 물건은 어떻게 풀어나갈지 상상하곤 합니다. 부동산 물건을 임장하거나 매입, 계약, 매각을 할 때도 최대한 주말을 이용해 가족들과 같이 가려고 합니다. 가족들을 전부 데리고 다니면 당연히 힘이 듭니다. 나 혼자 다녀오면 일이 편하고 빨리 끝납니다. 하지만 아이들이 어릴 때부터 자연스럽게 경제 교육을 받아들이게 하기 위해 데리고 다닙니다. 아이들이 좀 더 크면 또래들과 논다고 저를 안 따라다닐지도 모릅니다. 하지만 이렇게 아빠랑 부동산을 보러 다니면 아빠와 추억의 한 페이지는 쓸 수 있지 않을까요?

Q 12. 경매로 매입 시 일반 대출보다 대출이 많이 나오나요?

A 경매로 매입하면 일반 대출보다 대출이 많이 나오는 것으로 생각하는 분들이 있습니다. 꼭 그렇지는 않습니다. 시세보다 저렴하게 낙찰을 받아야 들어가는 목돈 대비 담보대출 비율이 높은 것입니다.

예를 들어보겠습니다. 주택을 경매로 취득할 시 낙찰가격의 80% 또는 감정가격의 70%, 그중 최저가격을 담보대출 해줍니다. 주택의 감정가격이 1억 원이고, 낙찰가격이 8,000만 원이면 담보대출은 낙찰가격의 80%이니 6,400만 원과 감정가격의 70%인 7,000만 원 둘 중 최저가인 6,400만 원을 대출해 줍니다. 둘 중 최고치 금액을 빌려주는 게 아닙니다. 그래도 경매로 매입하면 담보대출을 이용해 1,600만 원만 있으면 1억 원 주택을 매입할 수 있는 게 가장 큰 메리트입니다.

Q 13. 부동산 시장에서 롱런하려면 어떻게 해야 할까요?

A 답은 간단합니다. 정도를 걸으면 됩니다. 남의 돈을 탐하지 않으면 됩니다. 부동산은 큰돈이 오가기 때문에

순간적으로 그 돈에 욕심이 날 수도 있습니다. 그 욕심이 상대방을 자꾸 속이려고 합니다. 상대방도 바보가 아닙니다. 잠깐은 속일 수 있을지라도 언젠가는 다 알게 되어 있습니다. 만약 동업을 하거나 같이 투자를 한다고 하면 자금의 흐름을 오픈하세요. 일처리 방법도 항상 의논하세요. 그리고 내가 일을 많이 한다고 생각하세요. 그렇게 하는 게 가장 깔끔하고 오래 가는 길입니다.

Q 14. 직장인은 법인을 만들 수 있나요?

A 개설할 법인이 현 직장과 연관성이 없거나 법인에서 월급을 받지 않으면 법인을 개설해도 괜찮다는 조항이 있습니다. 그런데 겸직 금지 조항이 있는 직장인분들은 개설할 법인에 대표이사 및 사내이사 활동은 금지가 되니 법인에 주주로 참여하면 됩니다. 쉽게 말하면 이 회사에 주식을 매입했다고 생각하면 됩니다. 어떤 직장에 있든 주식을 매입하는 것은 불법이 아닙니다.

Q 15. 경매 특수물건으로 매입을 많이 하는 것 같은데, 문제점은 없나요?

A 특수물건이라고 하면 선순위 임차인, 유치권, 법정지상권, 지분경매 등이 있는데, 이런 부분은 별로 신경 쓰지 않습니다. 현장에 나가서 꼼꼼하게 임장을 하면 진실을 금방 알 수 있습니다. 제가 어릴 때부터 탐정 소설을 좋아해서 그런지 유난히 이런 물건들이 재미있습니다. 하나하나 사건을 풀어가는 재미가 있다고나 할까요?

그런데 이런 물건들은 대출을 받아내기가 쉽지가 않습니다. 특수물건을 처음 낙찰받으면 은행에서 대출을 안 해주려고 합니다. 점점 낙찰건수가 많아지고 해결해가는 모습을 보여줘야 은행에서도 마음의 문을 열고 일부라도 대출을 해줍니다. 제가 보기에는 일반물건과 크게 차이가 없는데도 그렇습니다. 최근에는 세입자의 임차권등기로 등기말소가 한 달 뒤에 된다는 문제로 은행에서 대출을 안 해주려고 합니다. 열심히 설득한 끝에 겨우 대출을 승인받고 처리한 적이 있습니다. 경매 입찰 시 은행에 대출을 확인하고 낙찰받기 바랍니다. 운이 없으면 목숨 같은 소중한 입찰 보증금을 날릴 수 있습니다.

Q 16. 경매 낙찰 후 명도가 어렵지 않나요?

A 명도는 케이스 바이 케이스입니다. 현장 상황에 따라 명도의 강도가 달라집니다. 명도도 입찰 전 임장 활동으로 어느 정도 구분을 해놓습니다. 마음을 다잡고 입찰에 들어가니 명도가 힘들다고 느껴본 적이 별로 없습니다. 제일 쉬운 명도는 1분 안에 끝나기도 합니다. 이런 명도는 대부분 배당을 전부 받아가는 임차인입니다. 제일 어려운 명도는 소유자와 특수관계인(친인척)들로 설득하기가 쉽지 않습니다. 차라리 경매를 당하는 소유자와 말을 하는 게 특수관계인들보다 설득하기 쉽습니다. 명도가 어려워 보여도 실상은 다르니 초보 경매인들은 용기를 내서 경매 낙찰을 받으시기 바랍니다.

월급쟁이 부자 되기 프로젝트
0원으로 부동산 투자하기

제1판 1쇄 | 2021년 4월 15일

지은이 | 내일로의 시작
펴낸이 | 윤성민
펴낸곳 | 한국경제신문*i*
기획제작 | (주)두드림미디어
책임편집 | 배성분   디자인 | 디자인 뜰채 apexmino@hanmail.net

주소 | 서울특별시 중구 청파로 463
기획출판팀 | 02-333-3577
E-mail | dodreamedia@naver.com
등록 | 제 2-315(1967. 5. 15)

ISBN 978-89-475-4708-6 (03320)

한국경제신문 *i* 부동산 도서 목록